UNA REINA SIN MEDIDAS

Una reina sin medidas
Primera Edición: Enero 2017
Segunda Edición: Abril 2017
© Paula Arcila, 2017
© Sobre las presentes ediciones: La Pereza Ediciones, Corp
Diagramación y edición: © Greity González Rivera
Corrección y estilo: © Casandra Badillo
Diseño de cubierta: © Iván Dávila (www.sava.design)
Fotografía de la autora: © Pipe Jaramillo (www.pipejaramillo.com)
Maquillaje de la autora: © Mariela Bagnato

Reservados todos los derechos. Ninguna parte de esta obra puede ser reproducida, almacenada en sistemas de recuperación o transmitida de ninguna forma, ya sea electrónica, mecánica, por fotocopia, grabación, o de otra manera, excepto que sea expresamente permitido por los estatutos de autor aplicables, o escrito por el autor.

ISBN-13: 978-1540795892

ISBN-10: 1540795896

Impreso en Estados Unidos de América

Para más información sobre la presente edición, contactar a:

La Pereza Ediciones, Corp
10909 sw 134ct
Miami, Fl, 33186
United States of America
786-3606326
www.laperezaediciones.com

PAULA ARCILA

A esas reinas anónimas

A esas reinas sin medidas

Índice

Prólogo/ 11

Introducción/ 15

Capítulo 1/ Y todo comenzó… cantando….....................................19

Capítulo 2/ Mi familia Adams……………………………….31

Capítulo 3/ La tía Martha…………………….......................37

Capítulo 4/ El silencio de una niña……….…………………45

Capítulo 5/ Mamá, el abuso que se hereda…………………51

Capítulo 6/ El padre que murió tantas veces………………57

Capítulo 7/ Skype……………………….......................................71

Capítulo 8/ Al aire……………….…………………………….77

Capítulo 9/ El mecánico……………………………………....83

Capítulo 10/ Un beso y una flor……………………………...87

Capítulo 11/ De la prisa solo queda el cansancio…………….107

Capítulo 12/ Por la puerta de atrás………………......................121

Capítulo 13/ Miami, el espejo de la rabia………….....................131

Capítulo 14/ Perdiendo *rating*..133

Capítulo 15/ La tormenta perfecta……………….......................137

Capítulo 16/ La Gran Manzana… de la discordia…………...145

Capítulo 17/ Con vergüenza, sinvergüenza…..………….......151

Capítulo 18/ Y se hizo la luz………..………….........................165

Capítulo 19/ Amigo el ratón del queso………………………171

Capítulo 20/ Con licencia para soñar…………...……………179

Capítulo 21/ Se cerró una puerta, pero se abrió el telón……...191

Capítulo 21/ Del ego y otros demonios…………......................197

Capítulo 22/ "El hombre de mi vida"…………….....................205

Capítulo 23/ *Miss Cuarenta*...211

Prólogo

De entrada debo confesar que conozco a Paula Arcila, y cuando tuve el borrador de este libro en mis manos le pedí dos semanas para leerlo. LO TERMINÉ EN UNA NOCHE. Me atrapó, me dejó prendido, me hizo reír…, y me quedaron ganas de más.

Decía que conozco a Paula, y es verdad. Hace unos años decidí con mi esposa vivir en Estados Unidos y como buen latino elegimos la ciudad de Miami. Yo acababa de publicar mi primer libro e intentábamos darle alguna promoción. Así fue que enviamos cartas a todos los medios de comunicación en la ciudad. Y como era de esperarse, como no nos conocía nadie, no nos contestó nadie. O casi. Solo hubo un mensaje de alguien que trabajaba en una radio muy importante. Ella recibió la carta, y sin conocerme me envió un mensaje para ir a presentar el libro en el programa más importante de las mañanas en Miami, donde ella trabaja hasta el día de hoy. Al llegar me saludó con su hermosa sonrisa, y con mucho cariño me dijo al oído: "Tienes 5 minutos. Dale con todo". Y así fue.

Con el paso del tiempo yo no la olvidé, y la volví a buscar cinco o seis años después para retribuir su gesto tan cariñoso y desinteresado, porque todo lo que damos vuelve. Esa persona tan especial, tan humana y maravillosa es Paula Arcila.

Hoy tengo el placer de presentar su primera aventura literaria, con la certeza de recomendar la lectura de un libro maravilloso, lleno de anécdotas superadoras. Es la historia de Paula, una mujer luchadora e incansable, que no tuvo miedo a vivir, ni miedo a soñar, a pesar de tanta adversidad. Este libro es el reflejo poderoso de la capacidad humana para sobreponerse a todo. A un padre ausente, al abuso infantil, a los desamores, a las necesidades, y al sufrimiento cruel de la violencia de género. Y así es su libro; lleno de anécdotas divertidas, desafíos, dolor, y resistencia para no rendirse ante nada. Con su habitual desparpajo, casi mágico, ella nos cuenta pasito a pasito sus logros y fracasos, que la llevaron a conquistar su sueño colombiano en Estados Unidos. De llegar a Miami a llevarse el mundo por delante, y pasar necesidades sin rendirse ante la vida. Y cómo llega a ser hoy una figura pública reconocida en la radio, el ambiente artístico, y las redes sociales, sin perder su esencia en el camino. Con sus luces y sombras, con un relato lleno de matices que nos identifican a todos. Una admirable historia de resiliencia y superación donde se refleja la vida. La tuya, la mía, la de todos. Y quizás el mensaje más importante: que podemos superar las adversidades de la vida y convertirlas en motivos de superación. Una poesía a la alegría, a la esperanza, a la vida.

Dr Ramón Torres

Introducción

"Todos en la vida debemos tener un hijo, sembrar un árbol y escribir un libro".
¡Tremenda pendejada! ¿Entonces los que no hicieron nada de estas tres cosas perdieron su tiempo? ¿Vinieron a esta vida a hacer turismo?
Por cosas como esas es que la gente se complica, se llena de temores e inseguridades.
Yo no escribí esta vaina para cumplir con ninguna regla social. Lo que sí acabo de cumplir son cuarenta y dos años, no tengo hijos y hasta el momento no se me ha pasado por la cabeza sembrar un árbol … (aunque sí he dejado plantado a más de uno) ¡Ah!, y el primer libro que escribí tampoco lo hice para mí, lo hice para alguien más.
Esto que estás leyendo realmente comenzó como una terapia; de hecho, en la computadora el documento estaba guardado así: "terapia", porque lo empecé a escribir como parte de un ejercicio recomendado por una de mis muchas terapeutas. ¿Qué cuántas han sido? Adivinen y el libro es gratis.
Ahora bien, el que sí me recomienda siempre que tenga un hijo es mi contador cada vez que llego a su oficina a llenar mi planilla de impuestos y salgo

echándole la madre al Tío Sam por la cantidad de dinero que se lleva cada año. "Si tuvieras un hijo no tendrías que pagar tanto". A lo que siempre respondo: "Un hijo me saldrá mucho más costoso".

La estaba pasando mal, tenía una angustia constante, un dolor en el pecho, (no hablo de pagar mis impuestos, sino de la época en la que recibía terapia porque me habían roto el corazón).

Cuando decidí que esto se iba a publicar, le di varios repasos y no podía creer lo que estaba leyendo. ¿Así como cuando ves fotos tuyas de la adolescencia y te avergüenzas de llevar el peinado aquel estilo Alf de la época de quinceañera, los tenis Reebok de colores y la falda estilo globo? ¡Pues así!

Era patético, parecía la copia mala de Corín Tellado, ¡qué culebrón! Tuve que escribir todo de nuevo porque me aburría terriblemente. Mi mamá lo leyó y no le gustó y ahí la cosa se puso fea, -si creerse los halagos maternos me parece infantil, ignorar las críticas me parece terquedad-; pero lo más importante fue que a mí no me gustó la manera cómo estaba contando mi historia y por eso, aunque ésta siga siendo la misma, lo que cambié fue mi manera de contarla, algo que ha sido determinante en el proceso de sanación que comencé y que me niego a dejar.

No pienso que sea cierto aquello de que "a todo hay que verle la parte positiva". No, señor, hay cosas que no la tienen y está bien que sea así. Lo que

ocurre es que estamos atravesando por un momento de tanta desesperanza, que últimamente nos dejamos bombardear por frases y argumentos que crean un efecto placebo. "Piensa positivo y se te dará", "si lo visualizas lo podrás lograr".
Ojalá fuera tan fácil.
He vivido momentos que no quisiera repetir y no considero que todo el que ha pasado por mi vida haya sido necesariamente con algún propósito. Pero a la hora de compartir mis experiencias, preferí hacerlo con otro tono, cantar con otra voz, reírme un poco de mí, dejar de culpar a los demás y responsabilizarme por los errores cometidos. Las quejas y lamentos son terriblemente aburridos. Hay que suavizar y soltar, y aquello que empecé a escribir hace varios años no tenía nada de eso.
Mi discurso era triste, gris, opaco y repleto de reproches y autocompasión; pero claro, es que ese era mi desahogo, así era como me sentía.
Estaba pasando por uno de los momentos más tristes y difíciles que recuerdo. Me acababa de divorciar y había empezado una nueva relación que me estaba provocando muchos dolores de cabeza. Cambiaba constantemente de terapeuta, buscaba respuestas en todas partes y la angustia no me dejaba vivir. Era una situación insoportable para mí y para los que me rodeaban. Yo no era capaz de soltar y terminar con esa historia. Y de pronto, Cecilia Alegría -mi psicóloga de turno- me dijo: "Escribe,

escribe, Paulita, porque no sabes el día de mañana cómo tu historia podría ayudar a las mujeres que están pasando por lo mismo que tú".

Agarré papel y lápiz y comencé a escribir. Me sirvió como desahogo, como terapia, me ayudó a hacer catarsis y por si fuera poco me dio material suficiente para incluirlo en el espectáculo que escribí y con el cual he recorrido Estados Unidos y Latinoamérica: *Miss Cuarenta*.

Y fue así como surgió *Una reina sin medidas*. Salió de la computadora porque si se quedaba ahí me iba a sentir terriblemente egoísta.

Capítulo 1
Y todo comenzó… cantando

Llegué a Miami llena de sueños y equivocaciones. Siempre creí que al aterrizar iba a estar lista para ingresar a trabajar en algún medio de comunicación porque (según yo) mi larga experiencia en los medios (dos años) eran suficientes para que las ofertas de trabajo empezaran a sobrar.
Por supuesto, no fue así, y lo primero que hice fue darme un golpe con la tierra tan duro, que hoy lo agradezco.
Era tanta la fiebre por comenzar a darme a conocer en los medios de comunicación que un día llegué a hacer lo impensable (no, no vendí drogas). Hice algo más vergonzoso aún, ¡canté en el Chacal de la trompeta de *Sábado Gigante*! Claro, vergonzoso por mi actuación, no por el programa y mucho menos por el pobre chacal que se ganaba la vida haciendo algo peor, soportando al montón de desafinados que pretendíamos llegar al estrellato por medio de tan exitoso show.
¡Pero lo de la cantada en el Chacal de la trompeta no era así improvisada como muchos piensan, que

salen cuando Don Francisco llama a los participantes, cantan, les tocan la trompeta y chao! No, eso llevaba su proceso y yo lo hice.

Para empezar, fue mi tía quien me propuso que me presentara, que el esposo de una amiga suya pertenecía a la orquesta del programa y que me iban a ayudar a orientarme sobre cuáles eran los pasos.

Es que antes de eso, yo de aventada había llamado a un teléfono que aparecía en la pantalla y pedí que me comunicaran con la persona encargada. Al contestar les dije que estaba llamando porque en Colombia era locutora de radio y quería saber si ahí había alguna oportunidad de trabajo para mí.

Al otro lado del teléfono, la mujer que me contestó me dijo -en un tono de mezcla entre ironía, burla y creo que un poco de molestia- que ellos no tenían disponibilidad y menos como locutora, porque ese puesto lo tenía Javier Romero, y obviamente no se lo iban a quitar a él, para dármelo a mí.

Pero claro, esa mujer tenía toda la razón al contestarme así. Eso fue lo que me gané por ser poco profesional. ¿A quién se le ocurre llamar a un programa de televisión como *Sábado Gigante* a decir, "oiga, yo soy locutora y quiero trabajar ahí"?; pero esas son las cosas que la inexperiencia y la inocencia te llevan a hacer.

Sin embargo, antes de terminar la llamada, la mujer no me dejó ir con las manos vacías. Me indicó que si bien no había opciones de que trabajara ahí como locutora, lo que sí tenían era una vacante como modelo o la disponibilidad para participar en el Chacal de la trompeta. Ya se imaginarán que a las audiciones como modelo ni me presenté, para qué iba a hacerles perder el tiempo.

Cuando le conté a mi tía lo ocurrido, me animó a desafiar a "El Chacal". Ella siempre tuvo confianza en mi talento y consideraba que yo cantaba muy lindo, ya que siempre tenía gran aceptación en las reuniones familiares. Me dijo que tenía que ir a ese concurso, entre otras cosas, porque estando al aire en un programa visto por millones de personas, "uno nunca sabe quién la está viendo y le puede salir alguna oportunidad".

¡Dicho y hecho! Llamamos a su amigo y me presenté a un sitio cercano a *Univision* para un pequeño casting que hacían, días antes de las grabaciones.

Imagino que lo que pretendían era ver el nivel de cada participante y darle un balance al segmento. Que no fueran todos muy buenos, ni todos como yo.

Mi tía estaba en lo cierto, antes de ir al aire las oportunidades ya se estaban presentando. Saliendo de las audiciones me paró en la puerta un joven que también había hecho el casting. Me dijo que necesitaba una corista para el grupo musical que dirigía y que se presentaba todos los fines de semana en Miami Beach. ¡Qué lujo! Recién llegada y ya estaba empezando a tocar el estrellato en uno de los lugares más codiciados del mundo. Ese mismo lugar donde los Estefan construían su imperio. Donde Jennifer López conoció a su primer esposo, donde fue asesinado Gianni Versace. Miami Beach, ese sitio que sale en las películas, donde te cobran un trago como si te hubieras bebido la botella. Ahí estaba yo haciendo los coros de las canciones de Toño Rosario, Celia Cruz, El Gran Combo de Puerto Rico..., pero la dicha me duró muy poco. Mi tía, que siempre ha vivido en Kendall, el barrio más colombiano de Miami al oeste de la ciudad, era la encargada de llevarme al trabajo cada fin de semana. Pagaba estacionamiento, peajes y se tomaba una copita de vino mientras yo meneaba mis caderas e intentaba hacer una que otra coreografía con mi grupo musical. "Caramba caramba ya viene el lunes, caramba, ya viene el lunes", cantaba yo feliz con las esperanzas puestas en todo lo que ese trabajo me podría traer.

Y efectivamente, "llegó el lunes", y a mi tía las cuentas no le cuadraban. Entre el peaje, la gasolina, el estacionamiento y la copa de vino, ella se gastaba cuarenta dólares y yo ganaba cincuenta. Ese fue el fin de mi carrera como cantante.

Pero ya había recibido la confirmación de que estaría en el Chacal de la trompeta. El segmento se grabaría la semana siguiente y solo podía llevar dos acompañantes.

Mi tía, por supuesto, hizo caso omiso y le mandó invitación a todas sus amigas. Ella se había metido entre ceja y ceja que me tenía que ganar ese concurso y se armó hasta los dientes llevando su artillería pesada. Necesitábamos un grupo grande que apoyara mi participación con la cantidad de aplausos que se requerían para ganar el dinero.

Llegaron por separado y pretendieron que no se conocían, porque eso para los productores del programa era trampa, y tendría yo una clara ventaja sobre los demás.

"Y ahora viene nuestra próxima participante con el título: "Mi tierra". Aquí está Paula Arcila, clasificada por la orquesta por sus bellas piernas… ¡Música, maestro!" Así fue como me presentó Don Francisco.

Sí, esa fue la canción que elegí, "Mi tierra", de Gloria Estefan, y lo hice porque tan recién llegada que estaba a Miami aún tenía cierta nostalgia. También pensé que ayudaría a manipular emocionalmente a la audiencia que asistía a las grabaciones, quienes en su mayoría eran cubanos y me iba a llevar sus aplausos. Esos, más los de las doce amigas que mi tía había metido de contrabando. Ya ese dinerito estaba listo y mi carrera como locutora empezaría a abrirse en Miami. Además, en mi país sabrían la noticia y la divulgarían llenos de orgullo: "Colombiana Paula Arcila gana concurso en el prestigioso programa *Sábado Gigante* en Miami". Es más, eso me clasificaba automáticamente como finalista para participar por "el automóvil nuevecito de paquete, señoritaaa".

Mientras estaba atrás, esperando para salir a cantar con ese frío producto del aire acondicionado combinado con los nervios, yo mataba el tiempo sacando cuentas de lo que podría costar ese carro. Mentalmente tomaba decisiones de lo que haría con él si me lo ganaba. En mi imaginación lo vendía y soñaba con el uso que le iba a dar al dinero. Luego cambiaba de idea, ya no lo vendería. Me quedaría con él, y por supuesto, no faltarían las fotos para enviar a la familia y a los amigos en Colombia, presumiendo mi carro del año.

Y mientras soñaba despierta llegó el momento de salir a cantar: "De mi tierra bella, de mi tierra santa". Comenzaba mi interpretación y no llegaba ni al coro cuando el Chacal no dudó un minuto en tocarme la trompeta. No lo podía creer, con lo bien que iba, -pensaba yo-, esto no puede estar pasando, esto lo verán en Colombia mis amigos y familiares. Los titulares cambiarán: "Colombiana en Miami sale expulsada del Chacal de la trompeta en el prestigioso programa *Sábado Gigante*"… "Paula Arcila, la colombiana a la que no le sonó la flauta en Miami, le tocaron la trompeta".

Salí detrás de "El Chacal" por todo el escenario reclamándole y hasta hice el amague de darle en la cabeza con el micrófono, pero recordé que aún guardaba mi as bajo la manga y eran las amigas de mi tía. Aparecieron automáticamente en defensa de "la sobrina". Ellas sabían que no podían fallarnos porque estaban preparadas con días de anticipación para cumplir con la misión encomendada.

Aplaudieron, gritaron, levantaron la mano haciendo señas de que no era justo, reclamaron, pelearon con el Chacal, con Don Francisco, con Javier Romero, y con todo el que estaba por ahí atravesado. Por supuesto, no les quedó más opción que darme otra oportunidad y me dejaron cantar nuevamente.

A "De mi tierra bella, de mi tierra santa…" le puse todo el sentimiento, pensé en mi mamá, mi abuelita, las reuniones familiares, los aplausos de mis tíos en las primeras comuniones, y justo en el mismo pedacito de la canción donde me habían tocado la trompeta escuché un tono diferente que me hizo pensar: "me la tocaron otra vez". Me entró un frío por todo el cuerpo, pensé que se me había ido el ritmo de la canción, pero no, era que la orquesta ya había entrado con las notas que utilizaban cuando la gente clasificaba. ¡Lo había logrado!

Realmente aún no entiendo cómo fue que pude clasificar si la segunda vez estuve tan desafinada como la primera. Nada raro que haya sido para evitar el riesgo de que cantara por tercera vez, o para que ese grupo de fanáticas de la colombiana no se alzara y le hicieran un boicot al Don.

Ya tenía la mitad del camino recorrido, estaba del otro lado y por lo menos había logrado salvar el honor de la familia y librarme de la humillación pública. Ya mi mamá podría caminar tranquila por el barrio y si la abordaba alguna de las vecinas para comentar lo ocurrido, ella podría decir muy orgullosa que su hija había superado la prueba, con microfonazo al chacal incluido.

Seguían desfilando los participantes y ninguno me llegaba a los tobillos. Es decir, estaban tan desafinados como yo, pero les tocaban la trompeta sin darles una segunda oportunidad. Mis esperanzas de vida seguían aumentando. Los mil dólares y la oportunidad de clasificar por el automóvil estaban cada vez más cerca.

Pero la dicha me duró muy poco. Ya casi a punto de terminar el segmento apareció un cubano, uno de verdad. No como yo, que pretendía que con una canción de una de las artistas más admiradas de Miami me iba a echar al bolsillo a mis queridos antillanos en el exilio. Este era un cubano recién llegado -y en balsa, para acabar de empeorar las cosas- quien se mandó la canción "Bonito y sabroso", y aquello se iba a caer de la emoción.

El público se levantó de las sillas, cantó y bailó al ritmo de aquel cubano y por supuesto no solo se llevó los aplausos, sino los mil dolaritos.

Le cayeron como anillo al dedo, de verdad que su historia y su reacción cuando ganó nos conmovió a todos. A todos menos a mi tía que salió muy decepcionada de allá porque su plan no había funcionado. Como si fuera poco, una productora me vino a buscar, a decirme que habíamos hecho trampa al traer a toda esa gente al estudio, y yo no sabía dónde meter la cabeza.

Se nos hicieron polvo las ilusiones, los mil dólares y el carro. Yo, que con ese dinerito pensaba pagarle a mi tía lo que le debía, ahora tendría que seguir esperando hasta que me resultara otra oportunidad de hacer unos pesitos.

Pero no crean que me fui con las manos vacías, no, señor, ¡me dieron cien dólares como premio de consolación! Lo que pasa es que se tardaron tanto en enviarlos a mi casa que cuando los recibí, a mi tía ya le debía trescientos.

Dieciséis años después regresé a *Sábado gigante* a cantar nuevamente en "El Chacal de la trompeta". Pero no, ya no iba por los mil dólares ni por el automóvil, sino a celebrar un aniversario más del programa y para eso invitaron a "famosos desafiantes de El Chacal".

Ahí estaba yo de nuevo en otras condiciones. Ya era empleada de *Univision*, así que técnicamente Don Francisco y el Chacal de la trompeta eran mis compañeros de trabajo. Para ese momento ya llevaba años en *El desayuno musical*, al lado de Javier Romero. Por supuesto, mi participación en *Sábado*

Gigante no tuvo nada que ver con mi posterior ingreso a la empresa. Pero esas son las vueltas que da la vida.

En esa ocasión tampoco le gané al Chacal porque queda clarísimo que lo mío no es la cantada y el que me ganó ya no fue un cubano, sino un mexicano a quien le tengo un gran cariño, mi compañero de *¿Quién tiene la razón?*, Rafa Mercadante. ¡Ah!, y tampoco volví a cantar "Mi tierra". Ahí dejé descansar a Gloria Estefan y elegí "Amor a la Mexicana", de Thalia.

No me tocaron la trompeta, pero eso tampoco fue lo más importante sino la gran satisfacción que sentí al pararme nuevamente al lado de Don Francisco y recordar ante millones de televidentes mi paso por ese programa dieciséis años antes, cuando tímidamente buscaba que alguien me viera y me diera una oportunidad, y aunque no le pude saldar la deuda a mi tía, ni mucho menos llevarme el automóvil, gané esa experiencia tan única que hoy me sirve de ejemplo para compartirla, para mirar atrás cuando siento que me falta mucho. Cuando me lleno de impaciencia por no lograr ciertos sueños que me quedan pendientes o que veo muy difíciles de alcanzar. Hoy encontré mi voz y canto sin miedo a que me toquen la trompeta. Ya eso no me asusta.

¿Y de la mujer que me contestó el teléfono en aquella ocasión, qué? ¡No supe nunca ni su nombre! Pero agradezco la crudeza con la que me dijo lo que había para mí en ese momento: ¡Nada! Esa mujer me hizo un favor sin conocerme porque ahí empecé a prepararme poco a poco para lo que venía. Cómo había que presentarse para un trabajo, cuáles eran los pasos y las estrategias. Además, no estaba en condiciones de agarrar un micrófono para salir al aire en una ciudad que no conocía de nada. Era un poco irresponsable dirigirme a una audiencia tan heterogénea cuando venía de estar dos años en la radio en Medellín, donde todos hablábamos el mismo idioma. Por eso aproveché cada trabajo, cada oficio que desempeñé en diferentes áreas absolutamente diferentes de los medios de comunicación porque me ayudaron a conocer bien el ADN de la ciudad a la que me estaba enfrentando.

Y sí, es que uno nunca sabe lo que la vida le tiene preparado. ¿Quién me iba a decir que iba a trabajar con Javier Romero luego de haber sido su oyente/televidente por tanto tiempo? Yo, que no me perdía nunca ese programa de radio y era mi favorito en las mañanas. Cuando fui a cantar a la tele sabía que lo estaba haciendo con el propósito de estar en pantalla de alguna manera y que de pronto apareciera por ahí alguna oportunidad, pero ni en mis sueños se encontraba en ese momento estar en el programa de radio más importante de Miami. Tuve que pasar por muchas pruebas antes de estar ahí. Pero de mi llegada a *El desayuno musical* hablaré después.

Capítulo 2
Mi familia Adams

Crecí en Medellín en medio de una familia de locutores. Mis tíos siempre han sido mi mayor orgullo, a tal punto de hablar de ellos cada vez que tenía oportunidad, lo que provocaba la burla de mis amigos de juventud, porque siempre buscaba la manera de mencionar que era la sobrina de Alonso y Rubén Darío Arcila… (sí, lo estoy haciendo otra vez). Mucha gente no sabía mi nombre, me llamaban "la sobrina de Alonso Arcila" y yo feliz.

Son nueve hijos en total, cinco mujeres y cuatro hombres, todos ellos dedicados a los medios de comunicación. La única mujer de la familia -hasta el momento- que ha seguido sus pasos, he sido yo. Me sentía especialmente cercana a ellos. Más que una sobrina, parecía su hermana. Con el tiempo empecé a adoptar muchos de sus comportamientos.

Son muy tomadores de pelo, fue algo que heredaron de mis abuelos quienes, aunque con personalidades muy diferentes, siempre tenían una broma lista para cada ocasión.

Sus víctimas favoritas son los novios de los más jóvenes, ya sea otros tíos o los sobrinos. Antes de llevar a la casa a un futuro pretendiente hay que pensarlo dos veces, porque no tienen ningún reparo en "agarrarlo de parche" y son profesionales poniendo apodos.

"Cana alegre" le dicen al esposo de una tía que desde que llegó a la familia ya tenía su cabello con uno que otro pelo blanco en su cabeza, y uno que otro año más que ella. No hay quien tenga un apodo o sobrenombre clandestino, ellos se lo dicen en su cara. También existió "care plato", "el orejón", "Shrek", "zapato". Al esposo de otra tía siempre le han tomado el pelo porque además de ser bajito, ella ejerce bastante poder sobre él. Cuando le levanta la ceja ya todos sabemos, no solo que está molesta sino que además está llegando la hora de llevárselo del lugar donde estemos reunidos. Entonces decimos que cuando mi tía se pelea con él "le da casa por cárcel".

En mi familia todo se sabe, es difícil mantener algo en secreto. Si uno de nosotros tiene un problema basta con que se lo comente a alguna de mis tías -o a mi mamá- y en menos de media hora es de dominio familiar, aunque en medio de su relato, el protagonista haya advertido a su interlocutor que no lo comente con nadie.

No lo hacen de mala fe. Al contrario, son protectoras y lo hacen con el afán de querer siempre lo mejor para ayudar a resolver el lío, aunque pocas veces lo consiguen. A mi mamá por ejemplo, cuando tengo algo muy delicado que no quiero que se sepa, le hago jurar una y mil veces que no va a contárselo a nadie.

Con mis tíos es diferente. Son más discretos a la hora de compartir sus cosas, pero no le hacen oídos sordos, ni rechazan la llegada de un buen chismecito.

Las reuniones y paseos siempre son en grupos grandes. No hay menos de cuarenta personas en las fiestas de fin de año, pero siempre con una particularidad, y es que son esquivos a la entrada de gente que no sea parte de la familia. Puedo asegurar incluso que la presencia de personas ajenas al núcleo les llega a incomodar, cosa que me extraña mucho y no sé a raíz de qué empezó a suceder, porque no siempre fue así. Cuando mis abuelos estaban más jóvenes, su casa era concurrida por amigos de mis tíos que desde siempre fueron muy populares y las cinco hermanas -mis tías y mi madre- eran como miel para esos amigos que llegaban con frecuencia. Lo cierto es que ahora solo se tienen a ellos mismos. Únicamente abrieron esa puerta hace muchos años a una pareja a la que quieren mucho y que es casi como de la familia. Del resto, no viene nadie de afuera. Se reúnen todos los fines de semana en el balcón de esa casa donde ya no están los abuelos. Ambos murieron pero sigue siendo su lugar de encuentro casi obligado de sábados y domingos. Preparan comida, juegan a las cartas, se ríen, en ocasiones discuten, cuentan las mismas historias graciosas de siempre. Las repiten una y otra vez y todos se las disfrutan como si las acabaran de escuchar. Lo peor es que cuando llegamos los sobrinos mayores pedimos que lo hagan, y también reímos como desquiciados. Así somos, eso somos.

Los momentos más felices de mi infancia los recuerdo rodeada de mis primos, especialmente los tres hijos de mi tío Alonso, quienes siempre vivieron en Medellín. Yo era como su hermanita, la que nunca tuvieron, o al menos así era como me gustaba sentirme. Cada cierto tiempo pedía que me llevaran a dormir a su casa para fantasear un poco con ser parte de una familia que para mí era lo más cercano a la perfección. Ellos representaban lo que yo tanto deseaba. Llegaba a un apartamento acogedor, modesto pero muy cómodo, salía al conjunto residencial a jugar con los amigos de mis primos que ya también eran los míos. El olor a limpio de su casa me encantaba, las sábanas siempre estaban muy bien planchadas, todo en su puesto. Las charlas entre padres e hijos, los regaños, los castigos. Yo quería tener todo eso. Y mientras lo disfrutaba también me angustiaba pensando cuándo iba a atreverme a pedir otra vez que me dejaran volver.

Eran momentos tan mágicos que temía perderlos si abusaba de la confianza. Mi tío siempre me daba la misma respuesta cuando le preguntaba: "¿Puedo ir esta noche a dormir con ustedes al apartamento?" "Tengo que preguntarle a la Mona". Ella siempre decía que sí, así era y así sigue siendo. Las decisiones las toman los dos, pero casi siempre es "lo que diga la Mona". Ahora entiendo que no había otra manera de que se lograra ese balance, y para que con sus defectos ellos sigan siendo después de todos estos años la pareja que tanto he idealizado.

Me he sentido amada y protegida por mis tíos desde muy niña. Me empacaban para todos lados: fiestas, fincas, piscinas y paseos de olla. Parecía un llavero y yo sentía que aquello era como mi premio de consolación por no tener papá.

Capítulo 3
La tía Martha

Mi mamá era la tercera de cinco mujeres. Siempre fue muy atractiva, llamativa y alegre, con un cuerpo precioso. Le encantaba la fiesta, el fútbol y los amigos. A los dieciocho años comenzó a trabajar como recepcionista en una emisora de radio en Medellín donde conoció a este hombre alto, inteligente, educado y con una personalidad arrolladora. Era un locutor de radio que en ese entonces trabajaba en el noticiero local.

Se hicieron buenos amigos, comenzaron a salir y ella cada vez se sentía más atraída por su personalidad y la manera como la trataba. Él la aceptaba sin juzgarla y ella recibía de él lo que en su casa le faltaba: un poco de atención. Al ser nueve hijos, y a pesar de ser muy cariñosa, era muy difícil para mi abuela ocuparse de todos con la misma intensidad; y aunque se empeñen en negarlo, los padres siempre tienen preferencia por ciertos hijos y mis abuelos no eran la excepción.

Mi abuelo sabía que mi madre era una rebelde y que le encantaba la juerga y los amigos. Nunca tuvo reparo en enfrentarse a él cuando casi el resto de los hermanos no se atrevían ni a mirarlo. Ella reconoce que su espíritu fiestero le provocó muchos dolores de cabeza a mi abuelita. A la pobre le tocó lidiar con ella y con mi abuelo. Curiosamente a él le hacía mucha gracia esa actitud de mi mamá, y mientras mi abuela se angustiaba cada vez que el abuelo llegaba a casa borrachito, a mi mamá le gustaba. Esos tragos de más hacían florecer en él las demostraciones de cariño de las que mi madre tanto disfrutaba.

Inconscientemente esos mismos lazos eran los que la unían a ese locutor que acababa de conocer. Además de enseñarle a comportarse en una mesa, llevarla a sitios bonitos, cuenta mi mamá que con él pudo codearse con gente de un mejor nivel intelectual. Se sentía protegida, aceptada y querida, y como si fuera poco, a él también le divertían sus locuras. En otras palabras, él era como la extensión de su papá, pero en versión "mejorada".

Todos los días sus encuentros terminaban acompañados de una botella de alcohol. Él bebía más que ella y cada vez con más intensidad. Era consciente de eso y buscó ayuda. En varias oportunidades asistió sin ningún éxito a programas de rehabilitación para alcohólicos.

Cuando mi madre le comunicó que estaban esperando un bebé se llenó de pánico. No estaba listo para asumir responsabilidades con nada ni con nadie, y a eso se sumaba la situación con su abuela, una señora muy conservadora a la que él le tenía un gran cariño y respeto, y que no podía saber que su nieto había embarazado a una chica a la que acababa de conocer a los pocos meses de estar en esa radio.

Mi madre renunció a su trabajo y viajó a Cali a pasar unos días con su hermano mayor y su familia. Era muy chica, estaba nerviosa y atemorizada por la reacción de mis abuelos cuando supieran de su estado.

Estuvo tranquila por unos días; el "problemita" lo llevaba consigo, pero al estar lejos de la casa de sus padres su cabeza estaba más despejada para buscar posibles soluciones.

En esa época era muy popular en la radio nacional un programa al que las personas llamaban o enviaban cartas con sus problemas, buscando que un especialista les diera solución. Tenía mucha sintonía y era cita obligada de los oyentes a la hora del almuerzo. Una de esas cartas que leyeron aquel día era justo con el mismo caso de mi mamá. Se trataba de una chica joven embarazada que no sabía cómo decírselo a sus padres.

"Ese es mi caso, es exactamente lo que me está pasando y lo que me trajo hasta aquí", le dijo mi madre a mi tía, quien para entonces ya tenía dos hijos, al verla tan asustada, le propuso que se quedara con ellos y pasara ahí su embarazo. Le harían creer al resto de la familia que la que estaba esperando era ella y mi mamá la cuidaría mientras daba a luz, y al nacer el bebé regresaría a Medellín sin barriga y sin problemas, ¡asunto arreglado!

Mi madre, sin pensarlo dos veces, declinó esa propuesta y posteriormente el consejo de interrumpir el embarazo.

La esposa de mi tío le insistió:

"¿Te imaginas lo que va a pasar cuando se enteren? Tu mamá se va a morir".

"Que se mueran todos, pero este hijo lo voy a tener".

A veces pienso cómo hubiera sido tener a mi mamá de tía: "la tía Martha…"

Llegó el momento de regresar a Medellín y enfrentar a sus padres. Mi abuelo lloró. Mi abuela, muy molesta y decepcionada, insistía en conocer el nombre del padre, nombre que mi mamá mantuvo en secreto por varios años.

Como mencioné anteriormente, la casa de mis abuelos se había convertido en el lugar de encuentro de los amigos. Siempre había fiesta, baile, comida y alcohol. Uno de los que frecuentaba esa casa era precisamente mi papá y muchos sabían que andaba de amores con mi madre. Todos menos mis abuelos, así que mi mamá decidió protegerlo y no revelar por mucho tiempo su nombre.

Dio a luz cuando tenía apenas diecinueve años, y antes de que yo naciera decidió irse un tiempo de casa de sus padres, harta de que la estuvieran poniendo como ejemplo delante de sus otras hermanas. "Vea lo que le pasó a ella, usted no quiere terminar así, ¿cierto?"

Dice mi mamá que cuando mi abuelo me vio por primera vez no pudo contener las lágrimas. Me puso encima de una mesa de cortar tela en la que trabajaba y me besó los pies. Desde ese momento me convertí en la persona más importante para mi abuelo, y él para mí.

Pasé los primeros cuatro años de mi vida en casa de mis abuelos, bajo su cuidado y el de mi tía Blanca. No tengo recuerdos muy claros de la época, pero ellos sí. Especialmente porque lloraba mucho y la única manera que me quedaba dormida era en el pecho de mi abuelo. Su amor por mí fue siempre muy especial, y no creo que haya sido así con ninguno de sus hijos. De hecho, fue extremadamente duro con ellos, especialmente con los varones, pero conmigo la cosa era diferente. Yo era intocable, era su "Paulita linda".

Me quedé con ellos porque decidieron que mi mamá no estaba en condiciones de cuidarme. Era muy joven y mi nacimiento no le hizo cambiar el gusto que tenía por la fiesta. Llegaron a un acuerdo y ella dejó que se hicieran cargo de mí, hasta que ella se organizara y mostrara responsabilidad e intenciones de asumir su papel de madre. Aunque siempre estuvo cerca.

Cuando cumplí cuatro años, mi mamá, con la intención de que me dejaran volver a su lado, me inscribió en un jardín infantil al que tenía que llegar muy temprano en la mañana. Lo usó como excusa perfecta para que ellos decidieran darle una oportunidad y dejaran que tomara mi custodia.

Nos fuimos juntas a un garaje cómodo, bien acondicionado con baño y cocina, lo que llaman en estos tiempos modernos un estudio y en Estados Unidos se le conoce como un *efficiency*, a solo cinco minutos caminando del jardín infantil en el que mi mamá me había matriculado.

Acostumbraba arrancar una flor cuando salía de la escuela para regalársela a mi mamá, y ella recuerda con mucha tristeza un día que salí más temprano de estudiar y no le avisaron. Por supuesto, no me esperaba y al llegar a la casa toqué la puerta varias veces, pero nadie me abrió.

¿Qué tal estos irresponsables del jardín infantil? ¿Cómo es posible que dejaran ir sola a su casa a una niña de cuatro años? Esas cosas no pasan en estos tiempos.

Cuando mi mamá llegó encontró los pedazos de pétalos regados por el piso afuera de la casa. Ahí supo que había llegado antes de tiempo. Al no encontrarla, me fui caminando furiosa a casa de mis abuelos. Era una clara demostración de mi enojo al sentirme abandonada. Un sentimiento con el que he tenido que luchar por años.

Ese es el episodio que mi madre recuerda con más tristeza mientras vivimos en ese garaje. Pero yo no, lo mío no fue un episodio, fueron varios que se repetían una y otra vez…

Capítulo 4
El silencio de una niña

Los que le alquilaban el garaje a mi mamá eran los dueños que vivían en el segundo piso. Tenían un hijo -Juan David- de diecisiete años aproximadamente con el que me dejaba ocasionalmente para que me cuidara, mientras ella salía a hacer alguna diligencia.

El recuerdo es muy vago y no podría describir exactamente cómo comenzó todo, pero ese chico cada vez que se quedaba en mi casa abusaba sexualmente de mí. Lo supe años después. En ese momento y a esa edad, no era consciente de lo que pasaba.

Ya había sucedido mientras vivía con mis abuelos. Otro vecino -Octavio- vivía con su mamá y su hermana en la casa de al lado. Recuerdo que me gustaba pasar tiempo con ellos y también recuerdo que cuando me daban ganas de ir al baño Octavio se ofrecía a llevarme.

Tanto mi mamá como mis abuelos confiaban ciegamente en mis abusadores. Eran cercanos, hijos de gente conocida. ¿Cómo podían imaginar ellos lo que estaba pasando si yo nunca dije nada? Nunca les conté que cuando me quedaba sola con Juan

David me obligaba a practicarle sexo oral, ni que Octavio tocaba mis partes íntimas cuando nos quedábamos solos en el baño. Además, a mí me gustaba ir a esa casa, así que no había ningún indicio de que algo malo estuviera pasando.

No fue un acto de negligencia por parte de mi mamá, ni de mis abuelos. Fue más de ignorancia y desconocimiento. El abuso sexual no es algo que suceda exclusivamente entre familias de escasos recursos, ni en barrios populares como en el que me crié. También ocurre entre gente de estratos altos, lo que pasa es que es más conveniente callar, tapar y seguir adelante.

Además, ocurre con mayor frecuencia de lo que imaginamos y en gran porcentaje es perpetrado por alguien cercano a la familia de la víctima. Basta con echar una mirada a los datos que ofrecen varios estudios al respecto y que resultan alarmantes.

Uno de los principales problemas es que los niños que son abusados sexualmente no necesariamente presentan síntomas. El porcentaje es muy alto: cuarenta por ciento.

Pero hay otros que presentan consecuencias graves y duraderas. Yo, por ejemplo, no recuerdo haber tenido de niña un sentimiento de rechazo o temor por Juan David, ni por Octavio.

Y me pregunto, ¿si lo hubiera denunciado o al menos se lo hubiera contado a alguien de mi familia me habrían creído y podría haber evitado que continuara el abuso? Lo más seguro es que no.

Es que el niño abusado evita hablar del tema por miedo a una reacción negativa de sus padres o del abusador. Es por eso que este tipo de revelaciones suelen darse en la adultez.

Hay quienes por vergüenza jamás rompen el silencio. Por otra parte, estudios revelan que aproximadamente el sesenta por ciento de los abusos sexuales a menores son cometidos por personas cercanas aunque no familiares. En este grupo se encuentran amigos de la familia, niñeras o vecinos. Y alrededor de un treinta por ciento de los abusadores son miembros de la familia.

Otras estadísticas revelan que en Colombia, en el año 2015 cada día, ciento veintidós niños fueron abusados sexualmente.

Mientras que en Honduras, el noventa y cinco por ciento de los abusos son cometidos en el seno familiar.

Pues bien, la mayoría de estos datos coinciden en gran parte con mi historial de abuso. Nunca dije nada. ¿Qué iba a decir si en ese momento tampoco lo veía como algo malo? No entendía lo que estaba pasando.

Tenía yo veinte años y, ya viviendo en Miami, llamé a casa de mi mamá y contestó mi hermanita que apenas tenía ocho años. Me dijo que mi mamá no estaba, que la habían dejado sola con un primo. No podría describir la impotencia que sentí cuando escuché a mi hermanita, quien con esa inocencia me decía que el primo "la estaba cuidando".

No había celulares en aquel momento en mi familia, así que llamé a dos o tres casas del barrio hasta que "desenterré" a mi mamá, y le dije que cómo era posible que dejara a la niña en esas condiciones en la casa.

Su respuesta me dejó aún más cabreada: "Ay Paula, por Dios, no está sola, está con Pedrito".

"Pues Pedrito tiene pipí", fue lo primero que atiné a contestar.

También yo estaba equivocada. Los abusos no solo ocurren de un hombre a una mujer. La esposa de un tío me contó que de niña, la nana que habían contratado para que la cuidara, tocaba sus partes de manera abusiva.

Cuando escuché a mi mamá tan tranquila por lo que estaba pasando no lo pensé dos veces y le solté por teléfono todo lo que me habían hecho cuando estaba chiquita.

Además, me vinieron a la cabeza otras situaciones que también le relaté. Me acordé de un señor muy mayor al que un día visitamos en Barranquilla con mi abuelita y dos tíos. Yo tenía once años y empezaban a crecerme los senos. El viejito aprovechó que todos estaban en la sala conversando, me sorprendió en una de las habitaciones del segundo piso y me los tocó.

Ya mayor, cuando me enteré de la muerte del viejito no sentí ninguna pena por él. Sólo pude pensar a cuantas otras niñas les habría hecho lo mismo. Sentí alivio de que ya no estuviera vivo.

Le recordé también una vez que estando muy niña ella salió con su pareja y me dejó al cuidado de una mujer a la que acababa de conocer. A la hora de dormir llegó un hombre a la casa invitado por ella. Era un apartamento pequeño y feo. Dormíamos mi madre, su pareja y yo en una sola habitación con dos camas pequeñas una al lado de la otra.

Mi cuidadora no tuvo reparo en que yo estuviera en la misma habitación, y tan olímpicamente tuvo sexo con ese hombre mientras yo me hacía la dormida y los veía por un huequito de la cobija con la que tapaba mi cara.

Me sorprendía que a mi mamá nada de lo que le contaba la dejaba muy compungida. El tema jamás se volvió a tocar.

Cuando comencé a hacer terapia, una de las cosas que más me dolía era no haber visto en mi mamá ningún rastro de solidaridad. Era como si le estuviera contando que me habían sacado una muela.

Yo no entendía nada. Era imposible que mi mamá no reaccionara ante eso. Ella, que sufre por todo lo que le pasa a los demás. Era obvio que no era lo que buscaba al contarle lo que me había pasado. Yo no quería que se sintiera mal, solo que no repitiera con mi hermanita lo que habían hecho conmigo.

Aproveché la terapia para que la doctora me ayudara a superarlo, y después de varias citas entendí que a mi mamá sí le dolía lo que me había pasado, pero no sabía cómo expresarlo. Años después aprendí a humanizarla cuando me contó lo que le pasó una noche cuando tenía veinte años y yo ya había nacido.

Capítulo 5
Mamá, el abuso que se hereda

Esa noche en la que tres hombres la persiguieron por el centro de Medellín y sus esfuerzos para que no la atraparan fueron inútiles. La sacaron de debajo de una mesa donde se escondía, la violaron entre los tres y la dejaron tirada en mitad de la calle, sin que nadie hiciera nada para ayudarla.

¿Por qué ahora? ¿Ya para qué? ¿Qué están buscando con eso? Son las preguntas a las que nos enfrentamos las personas que hemos sufrido abusos cuando rompemos nuestro silencio y contamos nuestras experiencias. Yo quisiera pensar que algunos lo hacen desde la ignorancia y sin mala intención. Es complicado que alguien que no ha sufrido de abuso entienda el por qué del silencio, y más complicado es que entiendan por qué la decisión de romperlo mucho tiempo después.

La reacción inmediata de mucha gente cuando escucha en las noticias que una mujer ha decidido denunciar un abuso años después de que sucediera es ir en contra de la denunciante, y no del supuesto abusador.

Es ahí cuando aparecen todas esas preguntas y la gente, en medio de su desconocimiento, lanza la piedra: ¿"ya para qué habla de eso"? La gente "habla de eso" cuando siente la necesidad y considera que es el momento apropiado. El hecho de que el abuso haya sucedido hace un minuto o hace una década no significa que tenga menos importancia o sea menos grave.

Precisamente por eso me pareció relevante compartir los datos anteriores. Porque esto no es un capricho que le da de un momento a otro a la gente que sufrió de abuso. O como me dijo alguien de mi familia cuando le conté que aún sigo recibiendo terapia por eso: "Para qué desenterrar muertos. Hablar del tema a estas alturas de la vida es destapar una caja de Pandora".

Respeto al que no quiera desenterrar muertos y prefiera seguir callado, pero también pido respeto para los que necesitan hacer lo contrario.

Sé que hay verdades que pueden desencadenar en un terrible conflicto familiar, pero también sé que hay círculos viciosos que hay que cortar.

En mi caso y el de mi madre, puedo hablar con total conocimiento de causa. Todo lo que he compartido aquí lo he hecho basada en el resultado de muchos años de terapia que han estado guiadas por profesionales en quienes confío. Por eso no me acostumbro a que la visita al psicólogo siga siendo socialmente un tema tabú. La gente visita al dentista si le duele una muela y lo comenta con tanta naturalidad. Las visitas al psicólogo se hacen con absoluta discreción para no ser tildado de "loco". Pues loco me parece dejarle la cura al tiempo. Quizás eso ayude a tomar distancia, pero no a sanar.

Insisto en que todos cargamos un peso por la razón que sea, que todos tenemos por ahí nuestros traumas y en mi caso sería descabellado decir que estoy curada. El crecimiento es una tarea diaria. Siempre hay retos diferentes por enfrentar, pero gracias a la ayuda profesional he sido consciente de eso. He aprendido a reconocer de dónde vienen ciertos comportamientos míos que no me gustan y en lugar de evitarlos he decidido enfrentarlos y procurar mejorarlos.

Sentí la necesidad imperiosa de contárselo a mi mamá quince años después de que me sucediera. Lo hice teniéndola al otro lado del teléfono a miles de millas de distancia. Cuando la tuve al lado no fui capaz.

Y la razón que tuve para contárselo no fue otra que el fantasma que apareció de repente cuando sentí una mínima posibilidad de que a mi hermanita le pasara lo mismo.

No puedo quedarme callada cuando tengo una voz que puede ser escuchada y cuando tengo las armas para luchar. La indiferencia ante esta problemática es la que permite que se repita una otra vez.

Mi historia es la de millones de mujeres que no tienen las herramientas o las plataformas para ser escuchadas. Si esas mujeres aparecen treinta años después en la tele denunciando al comediante que supuestamente las drogó o al candidato a la presidencia que la acosó en un avión, seguramente lo hacen ahora porque antes no tuvieron el apoyo ni el valor. No lo harían antes por pudor o por miedo. Porque vivimos en una sociedad en la que la mujer que abre la boca para denunciar esos actos es sometida a todo tipo de insultos y a cuestionamientos morbosos. Me repugna que a una mujer que ha sido abusada sexualmente la responsabilicen de lo sucedido por la forma cómo va vestida.

Que usen términos insultantes para referirse a una mujer que hace coqueteos sin ninguna intención de llegar al sexo. "Casquillera" le dicen en Medellín.

Las mujeres, al igual que lo hacen los hombres, están en su derecho de coquetear o "dar casquillo" sin que eso sea motivo de llegar al abuso. No es No. He decidido hablar muchos años después de que sucediera cuando ha dejado de preocuparme lo que piensen de mí. Al ver crecer a mi sobrina, que está muy lejos, a la que amo con todo mi corazón y no quisiera que se repitiera la historia con ella. Decidí contarlo por las hijas de los que conozco y de los que no conozco.

Mi mamá, por su parte, compartió uno de sus secretos mejor guardados de la manera más inesperada. Un día la llamé para contarle que debutaría en el teatro y que una de las escenas tenía que ver con una violación. Que era un reto inmenso para mí y tenía miedo de no dar la talla. Por tratarse de un tema que merecía mi absoluto respeto, no quería restarle el dramatismo que conlleva y tampoco sobreactuar.

También le conté que había un método que en teatro llaman "memoria emocional" y consiste en recordar un momento de nuestras vidas que nos lleve a rescatar ese sentimiento que estamos buscando y traerlo de vuelta para incluirlo en la escena. En otras palabras, es unir los recuerdos con la emoción.

Creo que mi mamá estaba esperando un momento como ese para por fin atreverse a revelar su historia. "Cuando yo estaba muy jovencita, ya usted había nacido…", comenzó a contarme lo que le había sucedido con todos los detalles. "Mija, se lo cuento para que le sirva como inspiración en su obra de teatro".

Ma´, no solo me sirvió para mi debut en el teatro, sino para publicarlo con la esperanza de que sirva de ayuda a miles de mujeres. Espero que así sea y si hay una sola persona beneficiada después de leer este libro, ya habrá valido la pena.

Capítulo 6
El padre que murió tantas veces

En mi familia no se hablaba mucho de mi "papá". Era un tema tabú. Ya mi abuela sabía quién era y lo detestaba, mi tía madrina un poquito más. Hablar de él era como mentarles la madre y yo evitaba cualquier cosa que pudiera incomodarlas a ellas, así que definitivamente, ¡yo no tenía papá y punto!
Ya para esa época existía el *bullying*, solo que no se le llamaba así. Nunca fui muy agraciada físicamente. Después de los seis años comencé a sufrir de sobrepeso, me cambió la textura del cabello que hasta esa edad había sido largo, liso, sano y brillante. Se puso opaco, apretado y me crecía para los lados. Mis tías buscaron fórmulas para que regresara a la "normalidad", pero no sucedió.
Yo no disimulaba mi frustración y mis compañeras aprovechaban la situación para burlarse y ponerme apodos. Para agregarle la cerecita al pastel, una de las niñas, parece que escuchó una conversación de adultos en su casa y en mitad de la calle me gritó: "Usted no tiene papá". O sea, gordita, feíta, con el pelo apretado y sin papá que contribuyera pa' lo de

la keratina cuando estuviera grande. Llegué a mi casa y le conté a mi abuela, ella me entrenó con lo que tenía que contestar si esa niña malvada se volvía a meter conmigo. Las cosas que me dijo no las entendí pero sonaban con bastante fuerza. Espero que esa niña sí las haya entendido; de lo contrario mi abuela perdió su tiempo.

A mi papá lo veía esporádicamente, entre otras cosas porque se había ido a vivir a otra ciudad. Cuando él viajaba a Medellín mi mamá me llevaba a verlo. Era amable pero frío, nunca me trataba como si fuera una hija. Me decía cariñosamente, "pelaíta". Me gustaba visitarlo porque siempre lo hacíamos en la estación de radio. Por ahí hay una foto en blanco y negro de los tres (él, mi mamá y yo) caminando por un sector del centro de Medellín. Es el único recuerdo que tengo de ese encuentro. Tendría yo cuatro años aproximadamente. Esa foto es lo único que conservo de él.

Tenía una voz potente, pausada, diáfana, hermosa; parecía tan inteligente y sabio. Lo admiraba, me sentía halagada cuando estaba con él. Halagada de saber que ese era mi papá, como si yo lo hubiera escogido.

Como mencioné, mi papá tenía una abuela muy conservadora y él era para ella, como dicen por ahí, "la luz de sus ojos", y por eso, evitando darle un disgusto a la señora que ya estaba pasada en edad, prefirió nunca contarle de mi existencia y mucho menos reconocerme como hija suya. Eso es lo que me han contado siempre.

Esto, sumado a su gusto por el alcohol, que lo hacía comportarse de manera irresponsable, de ahí que nunca se hiciera cargo de mí. Después que la señora murió, él se convirtió; no, no se "convirtió" en buen papá, se convirtió en Testigo de Jehová.

Llamaba a mi mamá esporádicamente y para nosotras era un gran acontecimiento. Ya ella se había casado y tenía otros dos hijos. En sus charlas él le daba lecciones de moral. Era evidente el respeto y cariño que ella aún sentía por él, ya que le permitía que le aconsejara acerca de cómo llevar su matrimonio y su vida en pareja. Esa extraña manía que tiene alguna gente que se cambia de religión o descubre la fe de sentirse con la autoridad moral para verle los defectos a todo el mundo y creer que son los únicos merecedores del perdón de sus pecados. A los demás nos sigue llevando el diablo. Yo la escuchaba hablándole de mí, diciéndole lo buena niña que era y eso me daba mucha felicidad. Creo que yo lo admiraba tanto como ella.

Tengo cuarenta y dos años y no recuerdo nunca a mi mamá hablando mal de él. Al contrario, era la única que lo defendía y eso se lo voy a agradecer siempre, aunque nunca se lo he dicho.

Por eso me resulta muy difícil entender a esos padres solteros que le hablan mal a sus hijos del otro padre. O aquellos que sueltan esas frases tan comunes y tan dañinas como, "olvídate de tu hija", "a mi hijo no lo vuelves a ver", "mi hijo no te necesita". Esas personas que toman a sus hijos como rehenes para ganar la más absurda de las guerras, para medir sus fuerzas, para herir al otro. Esos que convierten a sus hijos en un instrumento de venganza y de traumas no resueltos. Otra manera de maltrato infantil.

¿Qué tal esta perla, típica frase de madre soltera? "Usted no necesita un papá, yo soy mamá y papá". ¿Quién le dijo a los padres solteros que los hijos tienen sus mismas necesidades, o que pueden ejecutar con total autoridad los diferentes roles en su crianza? ¿Quién les dio el derecho de usarnos y manipularnos a su antojo para destilar todo ese veneno y ese odio que sienten por el ex?

Ese ex o esa ex de la que se habla mal a los hijos es la persona que en algún momento se eligió como pareja y que además es el papá o la mamá, y a nadie le gusta que le hablen mal de la persona que le dio la vida. Hay que ponerse un ratico en los zapatos de ese hijo, porque a nadie puede gustarle que le hablen mal de sus padres.

Una opción es desahogarse con una amiga, llamar a un amigo y decirle todas las porquerías que se quiera del ex, pero nunca hacerlo delante del niño. No solo por la incomodidad que causa que lo pongan en una encrucijada y lo hagan sentirse culpable por no estar de un lado o del otro, sino también por respeto.

Los niños no tienen por qué estar en el medio de una pelea de adultos, ni escuchando cada detalle, como los pagos de manutención o de la nueva pareja que le cae mal; y mucho menos hay necesidad decir a los hijos que su otro padre no tiene ningún interés en pasar tiempo con él. No seamos mezquinos, ganémonos el amor del hijo sin necesidad de enlodar al ex, porque ese niño va a crecer y se va a dar cuenta de quién es quién. Portémonos bien que el Santa Claus de los adultos se llama karma, y a ese siempre le alcanza para los "regalos".

Y ahora otra frase de cajón, que aunque tanto me molesta, considero necesaria en este momento: "nadie llega a este mundo con un manual de instrucciones", y valoro y respeto la labor de los padres. Es más, me parece la más difícil, ingrata y mal remunerada, y es que una mala crianza (por exceso o por defecto) le jode la vida a cualquiera y lamentablemente a nadie le enseñan a ser papá o mamá, así que las probabilidades de que nos jodan son muy altas.

Todos cargamos una mochila, algunos la llevan más pesada que otros y hay quienes se pasan la vida lamentándose y culpando a los demás por ese peso. Están los que buscan descargarla para que el camino sea más llevadero.

Ahora bien, mi mamá hasta la fecha insiste en que mi papá quiso hacerse cargo de mí pero en mi familia no se lo permitieron, que nunca lo dejaron acercarse a nosotras. Yo solo puedo pensar que nunca tuvo ningún interés en hacerlo, ¡punto! Y no me siento así porque aún me quede una que otra piedra en mi mochila, sino porque fue lo que me demostró. Entiendo su alcoholismo, su miedo al compromiso, su poco interés en formar una familia con mi mamá, quien dicho sea de paso no fue la mujer de su vida, así como él tampoco fue su Romeo. Mi mamá nunca estuvo realmente enamorada de él y es otra cosa que agradezco. Que no hayan pretendido ser un matrimonio feliz. Sin embargo, nada justifica que se olvidara totalmente de que tenía una hija que lo necesitaba, que no hubiera sabido separar su relación de pareja con su relación de padre.

Pasaron los años y un día mi papá llamó a mi mamá para contarle que se había casado, que tenía un hijo, y que le habían hablado de mí. Que era prioridad para él que su niño aclarara todas sus dudas acerca de la hermanita misteriosa que tenía. Mi mamá como siempre, muy considerada con él, propició una reunión en nuestra casa para que mi nuevo hermanito y yo nos conociéramos. Para ese momento ya habían nacido mis dos hermanos producto de la relación de mi mamá con su esposo. Casualmente tenían casi la misma edad del hijo de mi padre. Por supuesto, la primera reacción del niño fue preguntarle al papá si esos dos también eran hermanitos suyos. Pobre chico, ¡cómo habrá sido el susto! Imagínense que a uno le digan que va a conocer una hermanita que tiene por ahí medio escondida y cuando llegue no le salga una, sino tres. A él le llamaron la atención mis dos hermanitos porque tenían casi su misma edad, mientras que yo ya estaba muy mayor para él. Tenía quince o dieciséis años, y lo habían ilusionado diciéndole que iba a conocer a una hermanita que resultó siendo una hermanota.

Mis hermanitos vivieron aquel encuentro como si vieran una película de ficción y no entendían nada, porque nadie se los pudo explicar. Resulta que su hermana de toda la vida tenía otro papá que no era el mismo de ellos.

Ese día me sentí más abandonada que nunca. La atención se volcó en mis hermanitos que no entendían muy bien lo que pasaba. El hijo de mi padre, además, por quien se había propiciado el encuentro, permaneció casi todo el tiempo que duró la visita muy cerca de su padre.

Yo, con la edad que tenía en aquel momento, no inspiraba ningún sentimiento de inocencia ni ternura. No recibí ninguna demostración de afecto de mi padre. La diferencia se hizo evidente. En esa sala todos tenían papá y mamá menos yo. Él no había venido a visitarme, ni a darme un abrazo, ni a ver cómo estaba yo. Él había venido a traer a su hijo para que me conociera. Ni siquiera hubo interés en que mantuviéramos contacto. No quedó pendiente un próximo encuentro. No hubo planes para visitar su casa. Nada. Lo que su hijo quería era una hermanita y mi padre ya no se la podía dar. La que había ya estaba muy grande, ya pa' qué. Ese día no se trató de cómo me sentía yo, sino su hijo. Nadie me preguntó lo que pensaba de la aparición repentina de un hermano en mi vida. Cuál era mi reacción después de ver por primera vez a mi papá visitando nuestra casa. Así fue como me sentí. Quizás estaba equivocada pero no hubo quien me lo aclarara. Tampoco los hechos me decían lo contrario.

Me mantuve firme, no me quejé, no dije, no pedí nada. Creo que eso los confundió. Pensaron que no me dolía, que no me afectaba. El silencio, una vez más, era mi mayor enemigo y el mejor aliado de mi dolor. Pretender que todo estaba bien era uno de los síntomas de mi mal. Con la vorágine que llevaba con apenas quince años, no encontraba una mejor forma de manejarlo.

Esa fue la primera y única vez que nos vimos. Se llama Luis Fernando, como su padre. Luego supe que cuando nací, mi mamá quiso ponerme Luisa Fernanda pero le aconsejaron que no lo hiciera para que no le diera importancia a él ya que no me había reconocido como su hija. O sea, siempre hubo gente tomando decisiones y haciendo recomendaciones tontas. A esta hora tendría de él una cosa más…, aunque fuera su nombre.

En uno de mis viajes a Colombia coincidí con mi papá en Medellín. No dudé un minuto en aceptar su invitación para vernos. Fue un encuentro extraño porque era la primera vez que nos veíamos en muchos años. La última había sido en mi casa, cuando llevó a su hijo para que me conociera. Pero ahora yo tenía veintiséis años, vivía en Miami y recién empezaba mi relación con Manuel. Me sentía feliz y enamorada.

Mi padre se veía agotado, con mal semblante, no tenía un buen empleo. El sentido del humor del que tanto gozaba en los correos que compartíamos, ese día no estuvo presente. No me lo dijo en ese momento, pero al sacar mis cuentas creo que ya estaba enfermo.

Ahora que el tiempo ha pasado, no dejo de pensar por qué no hablé directamente con él para hacerle todas las preguntas que necesitaba. Las pocas veces que lo vi siendo niña siempre estaba mi mamá con nosotros. Esta fue la única vez que nos vimos personalmente y tuvimos una conversación entre adultos.

Quizás fue porque en el fondo tuve miedo de escuchar las respuestas. También pienso que me dejé llevar por la relación que tenía con Manuel -un hombre dieciséis años mayor que yo-, y al sentirme "segura y cómoda" con esa figura paterna que recién llegaba a mi vida me engañé creyendo que ya no había necesidad de resolver nada. También se lo atribuyo a mi inmadurez y al rencor que aún guardaba.

Me expresó su admiración. Me dijo que le parecía "una berraquita muy guerrera" por haberme abierto un espacio en la radio en Miami tan joven. Había cosas que sabía porque yo se las había contado en los correos electrónicos. Y otras que le decía mi mamá. Seguro esas eran las que más admiraba, las que venían con una pizca de exageración materna.

Se mostró feliz por mi relación con Manuel. Nunca lo conoció personalmente pero creo que sí su trabajo. Manuel tenía casi la misma edad de mi mamá. En un momento de nuestra charla intentó pedirme perdón y recuerdo que lo interrumpí y con un tono altivo le dije que no me pidiera perdón, que gracias a su abandono yo era la mujer que era. Que quizás de haber sido una niña con papá y mamá criada en una familia "normal", las cosas hubieran sido muy diferentes.

Estoy segura que si en aquel momento hubiera estado recibiendo ayuda profesional, la historia habría sido otra. De haber estado haciendo terapia yo habría aprovechado cada minuto con mi papá en lugar de hacer el papel de sobrada.

Es que esas palabras las había ensayado cuando supe que nos veríamos. Así como cuando planeas las palabras que le dirás a un ex si te lo cruzas por la calle.

La relación de mi papá con el alcohol era muy fuerte y tal vez si hubiéramos vivido juntos, mi vida hubiera sido más caótica, o tal vez no. Eso no lo sabe nadie.

Nunca soñé con haber tenido papá y mamá en la misma casa, soñé con haber tenido papá y mamá. Punto.

De niña me dolía escuchar su voz en la radio en algún comercial. Él vivía en Pitalito, Departamento del Huila, y yo en Medellín. Saber que había estado en mi ciudad y no me había visitado me partía el corazón.

"Esos comerciales no los graba aquí, eso lo hace desde Pitalito y luego mandan las cintas", me decía mi mamá para consolarme. Lo lograba solo por un tiempo.

Le diagnosticaron cáncer de riñón. Lo operaron y vivió bien un año y medio con el riñón que le quedó sano hasta que hizo metástasis. Tres meses después falleció.

En sus últimos días mi mamá me animaba a que lo llamara más seguido. Me gustaba hablar con él, pero me dolía escucharlo llorar sabiendo que moría lentamente, y a veces con aquella situación tan incómoda no encontraba tema de conversación. Se quedaba callado a menudo, su voz ya no era la misma. Ahora estaba debilitada, triste, agonizante...

Le dije que si necesitaba mi perdón para descansar en paz lo hiciera, que no había nada que perdonar. Hoy me arrepiento, no lo había perdonado y necesitaba saber por qué me había abandonado. Entendía que no quisiera nada con mi mamá pero, ¿y yo? ¿Qué le hice? ¿Por qué cuando se hizo Testigo de Jehová no se convirtió también en mi papá? Debí pedirle que me contara su historia, nuestra historia. Debí preguntarle, ¿qué pensó cuando trajo a su hijo para que me conociera? Debí decirle que yo también, al igual que su hijo, necesitaba una explicación.

Sentí su muerte, mucho, como si muriera por segunda, tercera, cuarta vez. Tantas veces lo tuve que enterrar que viví en un luto permanente y aún así seguía doliendo. Su ausencia me marcó más que otras presencias.

Un día recibí un correo desde su dirección electrónica. Casi me infarto. "Carajo, este *man* casi nunca apareció cuando estaba vivo y ahora me va a venir a espantar de muerto". Era su hijo -mi hermano Lucho- intentando establecer comunicación conmigo. Al principio me emocionó, pero luego me dio un poco de pereza cuando empezó a llamarme insistentemente "hermanita", y lo vi más enfocado en hablar de mi vida profesional que de nosotros, de nuestra historia, su papá, mi papá, esas dos personas a las que quise conocer. Ahí quedó todo, no sentí ya ningún interés en hablar con él. Eso, sumado a que mi otro hermano Juan estaba consumido por los celos.

Pero hay que darle el crédito, porque en todos estos años ha sido el único de esa familia que ha aparecido. Nadie más, ni tíos, ni tías, ni primos, nadie. A todos ellos se los tragó la tierra. La única familia que conozco es la de mi mamá.

A medida que avanzaba con esta historia me quedaban dudas, espacios vacíos que necesitaba llenar. No por juntar las hojas necesarias para lanzar el libro, sino para cerrar poco a poco las páginas inconclusas de mi vida que eran un obstáculo para alcanzar mi paz.

Intentando restablecer comunicación con mi hermano y su madre, busqué los correos que me había enviado años atrás. Eran las únicas personas cercanas a mi papá a las que podría tener acceso y no quería cometer el mismo error dos veces y dejar pasar la oportunidad de expresarle a este Luis Fernando mis sentimientos.

Los correos no existían, se fueron con un *hacker* nigeriano que me había robado todos mis datos años atrás. Así que lo busqué por Facebook y lo encontré.

Decidida a hablar con él y con su madre, le conté mis verdaderas intenciones y como siempre estuvo amable, disponible y listo para hablar conmigo cuando yo también lo estuviera.

Me dijo una frase que me caló fuerte, que su mamá estaría feliz de hablar conmigo acerca de su papá, pues aunque habían pasado años de su muerte ella seguía amándolo y no había cosa que le gustara más que hablar de él.

Planeamos reunirnos vía Skype. Me volví experta en maromas evitando esa reunión. Sí, ya sé que yo fui quien la pidió pero tenía un miedo horrible porque no sabía a lo que me iba a enfrentar, con qué me iba a encontrar, así que usé todas las excusas que encontré hasta que ya no hubo manera de seguir aplazando y los llamé.

Me sentía rarísima, estaba pasando de un extremo a otro. De niña no podía ni siquiera nombrarlo, cuando pude verlo evité hablar del tema con él y las pocas veces que le pedí a mi mamá que me hablara de él, sentí que no era totalmente honesta. Pero ahora, estaba entrando a la dimensión desconocida.

El libro-terapia estaba haciendo su efecto, ya uno de sus propósitos se estaba cumpliendo. Hubo que escarbar, desenterrar muertos, restregar, y mientras estaba en ese proceso pensé no publicar, dejarlo para mí y así, muchas veces.

Me habían advertido que serían momentos duros de retrospección y que estaría expuesta a revivir el dolor. Dejé pasar mucho tiempo, acumulé dudas y con ellas vino el rencor.

Capítulo 7
Skype

Llegó el tan esperado día y mi hermano estaba puntual esperando la llamada. "¿Será la puntualidad algo que heredamos de nuestro padre?", pensé.

"Yo acabé de llegar a la casa", me dijo, "pero mi madre no está, voy a llamarla a ver qué me dice, dónde está".

Qué alivio sentí. Si la mamá no estaba había que seguir postergando la conversación. Pero él fue más valiente que yo.

"Ya hablé con ella, se demora unos minuticos, pero si quieres empezamos tú y yo mientras ella llega".

¡Liquidada! No pude seguir evitándolo. Lo llamé y apareció su cara en la pantalla de mi celular. Igualito a cómo lo veía en las fotos que tanto espié el día que por fin me atreví a pedirlo como amigo en Facebook.

Idéntico a su papá. La misma sonrisa, una voz clara y agradable que me hizo entrar en confianza inmediatamente. Honesto. Fue el primero en decir que siempre veía mis publicaciones en redes sociales. Yo tardé un poco más en sincerarme.

"¿Cómo quieres que te diga?", le pregunté a ver si así rompía más rápido el hielo.

"Me puedes decir Lucho, así me llaman todos".

Indagué con un interés genuino sobre sus ocupaciones, a qué se dedicaba, si trabajaba o estudiaba. Y de pronto me sorprendí usando un tono de hermana mayor. Quise saber más de él, lo juro. Pero eran más las ganas de saber acerca de mi papá y en el primer huequito que encontré en la conversación, aproveché para poner el tema. Mencioné la única vez que nos vimos y me sorprendió que él tuviera recuerdos aún más claros que los míos.

Me habló de unas botas y unos binoculares que mi mamá le regaló en esa visita. Y entonces me lancé con la pregunta: "¿Qué te decía tu papá de mí?"

Al parecer no decía mucho, pero recordó que lo veía muchas veces mientras escribía en la computadora. Él se acercaba para ver los largos correos electrónicos dirigidos a mí. Los mismos que se fueron con los piratas cibernéticos sin haberlos guardado.

Seguía nuestra charla y yo me referí a él como "mi papá" y otras veces le decía "tu papá". Y cuando menos lo esperaba llegó la noticia que jamás pensé escuchar: "Nuestro papá tenía otro hijo".

Con las cuentas claramente perdidas mencionó que ese hermano tendría sesenta años aproximadamente y que era hijo de una cantante. Mi papá la había embarazado muy joven cuando tenía diecisiete años y apenas comenzaba en la radio. También los había abandonado y por eso, cuando años después fue a buscarlo, ni la madre ni el hijo quisieron saber nada de él.

Esta información también era nueva para Lucho. Se había enterado días antes de nuestra llamada. Él estaba dispuesto a ayudarme a aclarar todas mis dudas y para eso llamó a la única tía que le sobrevive, hermana de nuestro padre, y además su mejor amiga y confidente.

Pero mientras Lucho aclaraba mis dudas, también aclaraba las suyas. No tenía más información de ese hermano, y a mí me entraban más deseos de que su madre llegara. Estaba segura que ella tendría más detalles.

En el momento en el que Lucho mencionó que tenía otro hermano lo primero que pensé fue que había que salir a buscarlo. Quería saber de él, por qué no quiso saber nada de nuestro padre, cómo fue la historia de amor con su madre. ¿Habría sido acaso mi mamá la tercera en discordia?

¿Qué fue eso tan grave que le hizo -además de abandonarlo- que no quiso hablar con él?

Resulta que en esta historia había gente tan lastimada como yo, quizás más.

En ese momento llegó Rosa, la viuda de mi padre. Una mujer de la misma edad de mi madre, rondando los sesenta años.

"¿Será que ella también estaba evitando la reunión, y por eso a pesar de haber planeado la comunicación varios días antes estaba llegando tarde?" No lo pensé en ese momento, lo pienso ahora.

Creo que ella esperaba encontrarse con una mujer prevenida, rencorosa con intenciones de pasar factura y hacer reclamos. Hubo una leve incomodidad en los primeros minutos. Mi intención para nada era esa y se lo demostré rápidamente. No tenía sentido, ellos no eran responsables de los actos de mi padre.

Recordé lo que Lucho me había dicho acerca del sentimiento que su madre guardaba y por ahí le entré. "Cuénteme, Rosa, ¿cómo se conocieron"?

Tenía razón Lucho. Su madre se deshizo en halagos para su difunto marido. Se conocieron en una exposición de arte en la que ella presentaba algunas obras. Ambos tenían gusto por la pintura. "Fue amor a primera vista".

Ya de ahí en adelante no hubo necesidad de seguir preguntando.

Lo describió como el hombre más bueno del mundo. Ese hombre al que todos querían. Amable, respetuoso, culto, con un sentido del humor que dejaba encantados a todos -y todas-. También reconoció que tenía una debilidad especial por las mujeres a las que volvía locas con su voz y su personalidad.

"A mí no fue eso lo que me enamoró, yo me enamoré de sus manos", dijo casi en un tono adolescente, dejando claro que su relación había sido realmente especial y diferente. Y lo fue.

Mi papá venía un poco cansado de su inestabilidad sentimental. Había tenido su primer hijo a los diecisiete años y otra hija (yo) a los treinta. Y hasta ese momento, la única relación estable que había mantenido por años había sido con el alcohol.

Ella con la paciencia y el amor que aún le profesa lo alejó poco a poco de sus hábitos nocivos. Empezó a hablarle de Dios y lo atrajo a su misma fe.

Lucho asegura que fue un padre increíble y no lo dudo. Pude confirmar que Lucho siempre deseó tener un hermanito. Irónico, ¿no? Yo siempre soñé con un "padre increíble" pero tuve dos hermanitos adorables.

"Puede sentirse muy orgullosa de su papá, aunque no haya estado nunca con él", insistía Rosa, mientras yo aprovechaba para hacerle varias preguntas: "¿Por qué nunca se hizo cargo de mí?, ¿qué decía de mí?, ¿qué decía de mi mamá y cómo fue su relación con ella?"

Ninguna de esas preguntas tuvieron respuesta. "Él nunca hablaba de eso, eran cosas personales". ¡Plop!

Lo que sí sabía era que además de mi hermano Lucho y el primer hijo que tuvo a los diecisiete años había otros dos hijos por ahí, "pero no sabemos quiénes son, ni donde están". Muchos años antes de conocer a Rosa estuvo casado con una mujer que lo dejó en la calle, le quitó hasta la cama. "El matrimonio lo anuló la Iglesia porque se casó borracho".

Quedé aturdida. No pude decir mucho más. ¿Con qué derecho? No los conozco y ellos han vivido así por años. Con la imagen de ese hombre al que recuerdan con tanta admiración.

Hubo otras cosas de su infancia de las que me enteré. Tenía solo nueve años cuando lo fueron a buscar al colegio para decirle que su mamá acababa de morir de un infarto. Era una mujer muy joven y había criado sola a mi papá y a otros dos hijos porque su padre los había abandonado.

Desde ese momento, mi padre asumió la responsabilidad total de sus dos hermanos y para eso comenzó a trabajar desde muy jovencito. Su padre, que nunca había estado presente en sus vidas, apareció años, después enfermo de un cáncer de garganta, y fue mi papá quien lo cuidó hasta que murió.

A los diecisiete años ya los ejecutivos de una radio se habían fijado no solo en su voz sino en su gran desempeño al aire. Su carrera fue exitosa, larga y tan prolífica como la lista de hijos.

Capítulo 8
Al aire

El show *Los habitantes de la noche* lo comenzó mi tío Alonso en Medellín el 2 de octubre de 1974. Es el único locutor que lleva más de cuarenta años en el mismo espacio que fundó y que se transmite de diez y media de la noche a cuatro de la mañana, de lunes a viernes. Es un programa cien por ciento comunitario, sin música ni libretos. El objetivo es ayudar a la gente, escuchar sus quejas y acompañar a los trasnochadores. De hecho hay muchos que le llaman "El alcalde de la noche".

Me vino muy bien comenzar mi carrera ahí. Me ayudó a desarrollar la capacidad de improvisar. Improvisar en todos los sentidos, porque el pago también era improvisado.

En ese show estuve respaldada por dos de mis tíos, porque Carlos Julio -cariñosamente le decimos "el negro"-, también ha estado ahí por años.

Metía la pata constantemente y mi tío Alonso le sacaba todo el provecho a eso. De todos, creo que él es el más tomador de pelo y aquí yo le había servido en bandeja de plata su nuevo entretenimiento. Tenía apenas diecisiete años, recién graduada de secundaria (bachiller), ninguna experiencia laboral y lo único que había hecho en radio era ir en las vacaciones a visitarlo a él, contestar los teléfonos y esperar el momento en que cualquiera de los taxistas se apareciera con comida gratis, para tirarme en plancha a agarrar el chicharrón más carnudo.

Permanecía calladita la mayor parte del tiempo, muerta del susto de decir alguna bobada que le diera material a mi tío para sus travesuras.

Al tiempo que hacía mi incursión en la radio también comencé a estudiar Licenciatura en Lenguas Modernas. Mientras mis amigos y compañeros de la universidad trasnochaban en fiestas, yo me moría de envidia porque mi trasnochada era trabajando. A las diez de la noche ya tenía que estar de camino a la radio para salir al aire a las diez y treinta. Bueno, "salir al aire" es un decir, porque para ese momento era solo una muchachita en un programa en la radio a.m (en amplitud modulada), donde se hablaban temas que yo ignoraba. Entonces pasaba casi toda la noche tomando café para no caerme del sueño, mientras esperaba que mi tío me diera la palabra para decir cualquier pendejada. Callarme, tomar café y esperar a que fueran las cuatro de la madrugada para irme a la casa.

Mis clases en la universidad eran temprano en la mañana. Nunca pude cuadrar los horarios. Le empecé a agarrar pereza al estudio, entre otras cosas, porque siempre estaba cansada. Ya empezaba a tener cierta independencia económica. Con las cuatro palabras que decía en toda la noche me sentía la nueva promesa de la radio colombiana, así que las idas a la universidad cada día eran más un sacrificio que un gusto. Si no me retiré antes de la carrera fue únicamente porque en ese sitio la pasaba delicioso y tenía muchos amigos y en el fondo pensaba en la satisfacción de tener mi diploma. Cada vez mi participación en el programa, y mi reconocimiento, se hacían más notorios y me fui enamorando de la poca plata que ganaba pero que para mí era una millonada.

Después de dos años de estar en *Los habitantes de la noche* me cansé de trasnochar y conseguí que me alquilaran media hora diaria en la misma estación de radio donde estaban mis tíos. Vendía publicidad y ese dinero me servía para pagar el espacio y cubrir mis gastos. Ya no trasnochaba. Solo estaba media hora al aire, pero el espacio era mío. Durante el día iba a la universidad, visitaba clientes, buscaba otros y en la noche, de ocho y media a nueve y media, hacía *Paréntesis*. Ese fue el nombre que le puse a mi mediocre y aburrido programa de radio. Era un híbrido, hablaba de todo y de nada, invitaba gente de todo tipo. Ahí venían artistas, políticos, deportistas, y todo el que se atravesara para llenar esa media hora que a veces se me hacía eterna.

Si pudiera volver al pasado agarraría a nalgadas a la culicagada de diecinueve años que desperdició esas medias horas de radio haciendo bobadas. Creo que es de las pocas cosas de las que me arrepiento. Las horas al aire son eso, ¡aire!

Eso sí, tengo que decir que fui mala estudiante, pero toda la vida he sido muy habilidosa para rebuscarme mi dinerito y la suerte también me ha acompañado.

Como aquella ocasión, cuando viajé a Cartagena, para cubrir el reinado de belleza en el que se elige a la Señorita Colombia. Este evento se realizaba cada mes de noviembre, y aunque cambió la fecha, por años ha sido uno de los más esperados. El país se paralizaba durante los días que duraba el certamen. Siendo toda una "empresaria" de la radio con media hora de aire de lunes a viernes empezaron a llegar negocios interesantes y uno de esos fue viajar a Cartagena a transmitir el reinado para mi prestigioso *Paréntesis...* Aquí haré un paréntesis para decir que ese programa, estoy segura, no lo escuchaba ni mi mamá.

Me fui a Cartagena patrocinada por un par de clientes que yo debía mencionar al aire, pero dadas las condiciones de mi programa y el poco nivel de audiencia, no era mucho lo que pagaban, así que había que economizar gastos.

Me hospedé en la habitación de una pensión ubicada cerca del Hotel Hilton, donde se quedaban las reinas y los corresponsales de medios realmente importantes. A la hora de hacer la transmisión me encerraba en una cabina telefónica de *Telecom*, sin aire acondicionado la media hora que duraba el paréntesis. Las gotas de sudor me caían por todo el cuerpo, pero yo a mis oyentes les decía que estábamos en vivo desde el Hotel Hilton en Cartagena. Salía de esa cabina bañada en sudor pero muy satisfecha con el deber cumplido, porque si bien no estaba transmitiendo desde el prestigioso hotel, ni me estaba hospedando allá, me habían dado las credenciales para estar todo el día en la sala de prensa tomando agua fría, café y pastelitos… ¡ah!, y en aire acondicionado, así que la tarea la tenía bien aprendida y cuando estaba al aire -y sin aire-, hacía una descripción exacta del hotel y nadie me podía decir que estaba mintiendo.

En una de esas visitas a la sala de prensa me encontré con amigos de mi tío. Compañeros de radio de muchos años y vasta experiencia en este tipo de eventos. Fueron muy solidarios conmigo y me invitaban a comer. Sabían cuáles eran mis condiciones allí, así que cargaron conmigo todo el día, aunque en la noche debía regresar a dormir en mi pensión.

En la segunda noche de encuentros, cena, tragos, chismes sobre las reinas y más, uno de ellos, el que más años llevaba asistiendo al evento, se llenó de valor para decirme que yo no podía seguir yendo al hotel donde estaban todos los medios, en las condiciones en las que estaba. Que tenía que arreglarme el pelo, maquillarme y ponerme más presentable. Me sentí muy mal y creo que él se sintió peor. Al día siguiente fue a buscarme a la sala de prensa y me llevó al tercer piso del hotel. Cuando salí del ascensor estaba en shock, me encontré un piso completo de maquilladores y peinadores. Nunca había visto tantas pinzas juntas. Por poco muero asfixiada con el olor a laca.

Me dejaron como nueva. Era otra persona, mi pelo apretado y opaco estaba liso y brillante y el maquillaje me dejó con facciones de reina. Le agradecí el regalo, fue un lindo detalle de su parte. El cepillado me duró tres días, no me lavé el pelo hasta que llegué a Medellín y si hubiera podido quedarme con el maquillaje, también lo habría hecho. Todo estuvo muy bonito pero yo, que desde chiquita, como casi todas mis amigas de la época, soñaba con ser reina, a partir de ese día no volví a prestarle atención nunca más a un certamen de belleza. Confirmé que mi reinado no sería en una pasarela sino en una cabina de radio.

Capítulo 9
El mecánico

Siempre supe que tenía un problema para lidiar con relaciones de pareja, desde que tuve mi primer novio en Medellín y comencé a ejercer de madre, novia, psicóloga y un montón de etcéteras. Las personas que hemos sufrido codependencia vivimos en la constante necesidad de proteger, de querer cambiar al otro, de sentirnos necesarios e imprescindibles, casi olvidándonos de nosotros y poniéndolos a ellos en primer lugar.

A mi primer novio en Medellín empecé por querer cambiarle su manera de vestir. Procuraba que usara camisas de manga larga y limpiaba sus uñas los fines de semana para quitar los residuos de grasa que quedaban por su trabajo como mecánico. Pretendía que se comportara como yo consideraba que era la manera correcta de hacerlo, pero lograba el efecto contrario. Aquel hombre no modulaba cuando compartíamos con mis amigos o mi familia.

Mi mamá buscaba cualquier detalle para recordarme que ese muchacho no era para mí. Y sobraban las trabas que me ponía para aprobarme los permisos para salir con él. Una vez llegué a la casa luego de haberlo acompañado a hacer alguna diligencia en la moto. Cuando me recosté en su espalda para agarrarlo por la cintura -como hacen todos los pasajeros que andan en estos aparatos-, mi ropa quedó sucia por el roce con la suya. Por la cara de mi mamá cuando me vio la blusa sucia debió pensar que veníamos de meternos un buen revolcón y se puso como una fiera. Total, el enojo fue innecesario porque los revolcones nos lo pegábamos sin la blusa.

Éramos muy jóvenes. Yo había comenzado mi carrera en la radio, tenía un trabajo estable al lado de mi tío. Ganaba dinero suficiente para una chica de diecisiete años, compraba lo que quería y además ayudaba económicamente a mi mamá. Era la hija "ejemplar", sabía cuáles eran mis metas, dónde quería llegar, aunque no estaba tan segura sobre cuál iba a ser el camino; pero tenía "los pies bien puestos sobre la tierra" (otra frase de cajón).

Sin embargo, mi "Romeo" andaba algo desubicado. Era un chico muy trabajador pero no tenía grandes aspiraciones. Por fortuna tampoco "aspiraba". Era bastante sano, consumía poco licor y cero drogas. Eso ya era suficiente en mi época de juventud para catalogarlo como un buen partido. Sin embargo, para mi mamá ese noviazgo se convirtió en una pesadilla porque como toda madre ella quería algo mejor. Un muchacho estudiado, universitario, educado, en otras palabras, que fuera lo que no era yo.

Mi novio estaba bien lejos de eso. Trabajaba arreglando motos en un garaje pequeño al lado de mi casa y yo juraba que un día ese garaje se iba a convertir en la sede criolla de la Harley Davidson. Vivía llena de expectativas referente de su futuro, de nuestro futuro juntos.

La cosa iba tan en serio que hicimos lista de artículos de hogar para casarnos. Se lo contamos a todo el mundo. Mi abuelita, muy preocupada, le dijo a mi mamá que quizás era que yo había perdido la virginidad con mi mecánico y por eso estaba tan decidida a dar el paso. Le recomendó que hablara conmigo y me aconsejara que si era por eso que me quería casar, que no me sintiera comprometida, que no era necesario.

Tan linda mi abuelita…, si por eso hubiera sido tendría más divorcios que Liz Taylor y Jennifer López juntas.

Por fortuna, el dinero que ganábamos mi imberbe novio y yo no alcanzó ni para comprar la olla arrocera. Los planes de boda duraron lo que un dulce a la salida de un colegio y acto seguido llegó mi visa para viajar a Estados Unidos. Ahí quedó todo. Mejor dicho, ¡ese arroz no se alcanzó a cocinar!

Pero mientras duró el amor yo me convertí en la "rescatadora", quería meterle un chip en la cabeza y hacerle cambiar su manera de pensar, quería que estudiara, que ampliara sus horizontes, que saliera de ese garaje y pensara en grande. Pero qué va.

Mientras tanto yo hice mi primer viaje a Miami y aquello fue amor a primera vista. Regresé a Colombia, agarré mis trapos y me fui a vivir a la capital del sol.

No mentiré y diré que fue difícil salir de mi casa. Fue relativamente fácil, siempre he sido muy independiente económicamente y la idea de vivir en Miami la tuve presente desde muy niña.

Capítulo 10
Un beso y una flor

Llegué a Miami en busca de un futuro en los medios de comunicación, convencida de que mis pocos años de experiencia en Colombia me darían el pasaporte al éxito, pero no tardé mucho en darme cuenta lo lejos que estaba de eso. Así que comencé a trabajar en cuanta cosa resultara. Rompí el hielo vendiendo ollas en una empresa llamada *Carico* que para esa época era algo así como la encargada de bautizar a los recién llegados. Con todo el que hablaba, ya había pasado por ahí.

Apareció una chica amiga de mi tía a la que había llamado pidiéndole que si sabía de un trabajo para mí, por favor nos avisara. María trabajaba en una empresa que vendía beepers y celulares y estaban necesitando ayuda, así que se acordó del llamado de mi tía y dos días después ya estaba yo lista en la Calle Ocho contestando el teléfono y vendiendo esos aparatos en E&A *beepers* and *Celulars*. Fue un trabajo muy divertido, éramos todas mujeres y además colombianas, y María se convirtió en mi mejor amiga y ángel de la guarda. Ella ya llevaba años viviendo en Miami y le había tocado guerrear la ciudad, en una época en la que todavía no era tan fuerte la migración de los colombianos como ahora, y a cambio quedaban los ramalazos de esos días tan difíciles del narcotráfico en los ochenta. Por supuesto, cada vez que uno abría la boca el primer comentario que escuchaba tenía algo que ver con eso.

Con María empecé a conocer realmente la ciudad, porque ya lo hacía más por necesidad que por "turismo". El trabajo en la tienda de *beepers* se acabó un año después, pero ya con la gente que conocía a través de ella nos conectaron para trabajar en una empresa que importaba flores desde Colombia y Ecuador.

Al principio lo hice como empacadora. Ese trabajo consistía en quitarle las espinas a las flores, descartar las que no vinieran en buen estado para que el ramo estuviera apto para salir al mercado. Todo aquello en una bodega que parecía una nevera gigante que en inglés llaman *coolers*, porque deben estar a una temperatura muy baja, para que así las flores se mantengan frescas. Nuestra vestimenta era muy especial. Había que equiparse de *jeans*, botas, guantes, abrigo y un *jacket* proporcionado por la empresa. Ese primer trabajo fue para la temporada del Día de las Madres, una de las fechas más importantes para esta industria, seguida de la del Día de

San Valentín el catorce de febrero. Siempre empiezan a reclutar trabajadores extras porque no dan abasto.

El pago no era muy bueno pero eran muchísimas horas sin descanso y eso hacía que los cheques llegaran "carnudos". En esas temporadas era cuando más de uno aprovechaba para ganar dinero extra.

Con las horas que pasaba empacando flores y mi amistad con María, que cada vez se hacía más fuerte, también mermaron las horas que pasaba en casa de mi tía y eso a ella la tenía muy molesta. Me dijo que "yo le estaba usando el apartamento como si fuera un hotel". Un día llegó a mi trabajo con una cara que me recordó los días en los que mi mamá me caía de sorpresa en el colegio para averiguar con los profesores cómo iba mi rendimiento en clases. Eso me dejó un trauma por años, porque me avergonzaba frente a las compañeras. Pues de nuevo tuve ese sentimiento el día que mi tía llegó con la mismísima cara de mi madre, sin poder esconder que son hermanas, y me pidió que le entregara las llaves de la casa.

A ver cómo pudiera describir lo que sentí en aquel momento..., no sé si les ha pasado que están locas por terminar una relación con un novio que ya no les gusta pero no saben cómo decírselo por temor a su reacción, o porque no quieren lastimarlo. Pues así mismo.

Andaba feliz con María pa' rriba y pa' bajo por todo Miami "callejeando", conociendo gente, saliendo de parranda y divirtiéndome como nunca, pero cada vez que pensaba en la llegada a la casa de mi tía a altas horas de la noche, se me empezaba a arrugar el corazón porque sabía que eso a ella la ponía de muy mal humor -con toda la razón-.

Aproveché el movimiento de mi tía y sin respirar me fui corriendo a sacar del bolso las llaves, se las entregué y cuando salí del trabajo me fui a su casa acompañada de María -ah, sí, porque yo sola no iba a enfrentar a esa fiera ni loca-, y le anuncié a mi tía que esa misma noche me iría de su casa a compartir apartamento con mi nueva mejor amiga..., y otros dos amigos.

La salida de ahí fue más traumática que la salida de mi casa en Medellín. Qué drama se armó. Lo primero que dijo mi tía fue que ella no me estaba botando de su casa, que solo me estaba pidiendo las llaves para tener control de mis llegadas. Hasta mi abuelo se metió en ese lío y se atrevió a amenazarme diciéndome que si me iba del lado de mi tía no lo volviera a llamar, porque no querría saber nada de mí. Golpe bajo porque ese viejo era la luz de mis ojos. Dejar de hablar con él era como que me quitaran un pulmón. (Sí, claro que se puede vivir con un solo pulmón, pero yo no lo sabía.) Me reclamó que quisiera irme a pagar alquiler a otra parte cuando podía ayudar a mi tía con los gastos de su casa, que esa era una decisión muy egoísta de mi parte y que yo era una malagradecida. ¡Ouch!

Le expliqué que todos teníamos derecho a volar solos y que si mi mamá había superado que me fuera a vivir a otro país, ¿cómo era que mi tía no podía con que me fuera a vivir a otro barrio?

Pero ese abuelito era mío cien por ciento y solo fue cuestión de diez minutos para que luego de escuchar mis argumentos se calmara, y me diera la razón acompañada de la bendición.

Es que mi abuelo era un personaje muy particular. Cuando supo que estaba trabajando en esa compañía de flores y sin papeles, me dijo que me estaba arriesgando a que llegara Inmigración a detenerme, y que no creyera que me sacarían de ahí directo al aeropuerto, para enviarme de regreso a Colombia en un avión privado. Que primero me enviaban a la "guandoca", así se refería él a la cárcel, y que cuando pasaran los meses y lograran agarrar más indocumentados como yo, entonces ahí llenaban un avión de Avianca y me mandaban para la casa. Sugestionada con aquella advertencia, busqué la caneca de basura más cercana a mi puesto de trabajo para meterme ahí en caso de que llegaran los agentes.

Sé que muchas de esas cosas que me dijo acerca de mi convivencia con mi tía eran ciertas. Ahora que lo pienso, imagino que para ella fue muy desalentador ver cómo el dinero (poco o mucho) que ganaba en mi trabajo yo lo gastaba en mis cosas. En los ocho meses que estuve ahí nunca le di ni un dólar para colaborar con mi estadía en su casa. Eso, además de mis constantes ausencias que ella consideraba un acto de irresponsabilidad, de desconsideración. Sé que estuvo mal de mi parte pero igual me fui. Al principio la pasé mal, dejé la comodidad de su casa para irme a dormir en el piso, compartiendo vivienda con otras tres personas. Sin carro y sin un trabajo estable, pero con ganas de comerme el mundo, y si no lo hacía de esta manera, jamás lo iba a lograr.

Llegué a aquel apartamento de dos habitaciones donde nos acomodamos cuatro personas. Dos hombres, María y yo. Todo fue en plan de amistad y sobre todo por necesidad, porque no sabíamos cuál de los cuatro andaba más pelao en esa época, así que compartir gastos nos vino bien a todos.

Faltaban muchas cosas materiales pero fue una buena prueba de amistad, unión y solidaridad. Esa unión se reflejaba especialmente en el baño, ya que compartíamos la misma ducha ¡Sí, solo una para los cuatro! (pero nunca nos bañamos juntos).

Ahora bien, la situación económica de nuestros nuevos compañeros de apartamento era mucho mejor que la nuestra, porque aunque también andaban sin un peso, ellos al menos tenían trabajos estables, a diferencia de nosotras que seguíamos empacando flores, pero ya la temporada había pasado.

Así que las horas de trabajo cada vez eran menos, el mercado se había puesto lento y los cheques de nuestros pagos no llegaban ni a cien dólares la semana. Esto, sumado a que ninguna de las dos teníamos carro. De pronto, María consiguió otro trabajo, mientras yo buscara la manera de poder llegar al mío.

Me levantaba a las cinco de la mañana y a las cinco y treinta pasaba por la esquina un compañero del trabajo que me acercaba hasta la compañía de las flores en el Doral. Nosotros vivíamos en Kendall, a una distancia de veinticinco minutos a esa hora sin tránsito. De no haber sido por él, no sé cómo me las hubiera arreglado para llegar a mi trabajo. Siempre aparece por ahí un angelito en el momento indicado.

Así como lo fueron también estos compañeros de apartamento que algunos sábados en la noche, luego de terminar de trabajar y de jugar al fútbol, llegaban a la casa con comida para todos.

Ellos sabían que nosotras andábamos tan peladas que a veces no teníamos ni para comer. Entonces traían unas fritangas nicaragüenses que son deliciosas, y nos sabían todavía mejor con el hambre que teníamos. Tuvieron mucha paciencia cuando llegaba la fecha para pagar el alquiler y siempre pedíamos uno o dos días extras para llegar con el dinero que nos faltaba. Ellos lo ponían prestado aún sin tener una holgura económica porque sabían que nosotras resolvíamos aunque nos quedáramos sin un peso. María acostumbraba decir en broma que no teníamos "ni un one dollar".

Parecíamos hermanitos, salíamos juntos a todos lados, fueron días de poco dinero pero mucha rumba. Porque eso sí es universal, que no falta quien lo invite a uno a beber. Yo andaba disfrutándome cada momento, era una experiencia nueva para mí. Quizás difícil a ratos, especialmente a la hora de irme a dormir porque no tenía cama y lo resolvía armando un "cambuche" en el piso con sábanas, tendidos y cobijas que María me prestaba.

Era joven y no tenía hijos, así que todo eso más que un sufrimiento o sacrificio fue una oportunidad de tener experiencias que enriquecieran mi vida. No sabía si en cualquier momento llegarían los agentes de inmigración a deportarme, tal como me decía mi abuelito. Y si hubiera tenido que regresar deportada a Colombia, quería que el paso por Miami no hubiera sido en vano. Si los bolsillos era lo único que iba a llevar vacío, entonces ya había ganado.

Mi mamá a menudo hacía comentarios acerca de vecinas o amigos de la infancia que estaban en Estados Unidos y en solo un año ya habían mandado dinero para comprar una casa o un taxi. O también otros que ya habían regresado de vacaciones a pasar navidades invitando a toda la familia a celebrar de cuenta suya cerrando la calle y matando marrano. Puedo imaginar la preocupación de mi mamá al ver que me había ido para Estados Unidos a no hacer nada. Había dejado la universidad y el trabajo en radio que tenía en Colombia para venir a Miami a vivir en tal desorden. Mi vida era una recocha. (Buen título para un libro).

No me lo decía directamente, pero cuando me hablaba de las historias de "éxito" de toda esa gente que yo conocía y que distaban tanto de la mía, sé que lo hacía para que yo recapacitara y me pusiera las pilas a ahorrar como estaban haciendo ellos.

Yo insistía en explicarle a mi mamá que quizás toda esa gente tenía otras prioridades, las cuales yo respeto. Para ellos, su "sueño americano" quizás consiste en trabajar para mandar dinero a sus países y construir su futuro allá para regresarse. Ese no era mi caso. Yo sabía que mi familia no estaba en Medellín esperando a que mandara dinero para poder comer, y eso me daba la tranquilidad para seguir explorando sin afanes.

Y es que antes de tomar la decisión de irme de Medellín fui a contárselo a mi psicóloga. Ella había sido artífice de mi entrada a la universidad. Sentía que le debía una explicación de por qué estaba dejando los estudios cuando tanto había costado el ingreso, y posteriormente mantenerme sin perder el cupo. Lo único que me dijo fue que por favor no me quedara en Miami resolviendo el día a día, que en Medellín no me faltaba nada y si no lograba en-

trar a medios de comunicación, por favor me regresara y retomara la carrera. Eso se me quedó grabado siempre y quizás fue una de las cosas que me ayudó a no renunciar a ese sueño con el que llegué.
Pasaban los días en nuestro hacinamiento, compartiendo apartamento, ganando poco pero trabajando y parrandeando mucho. Sin embargo, empezamos a sentir pasos de animal grande cuando llegaban los días de pago y ese cheque parecía que se estaba encogiendo en el frío de aquella bodega donde se conservaban las flores.
Pagábamos nuestra parte del alquiler y quedábamos sin un peso. Por fortuna, la mamá de María tenía un pequeño negocio vendiendo arepas colombianas y nos regaló dos paquetes, ignorando nuestra precaria situación. Lo último que queríamos era preocuparla. Ella, que vivía con su pareja en otro apartamento pequeño cerca de nosotros, ya tenía sus propios asuntos por resolver y también eran de dinero.
Felices, llegamos a la casa a asar las arepitas que la mamá de María nos había regalado, y nos dimos cuenta que no había mantequilla, pero como ya éramos expertas resolviendo, ese día le pusimos a esa arepita lo primero que encontramos porque el caso era de hambre. Tampoco estuvo tan mala la cosa, era la primera vez que comía arepa con mayonesa. ¡Nos supo a gloria!

Sin embargo, como dice José José, "hasta la belleza cansa y el amor acaba". Lo de la mayonesa estuvo rico al principio, hasta que llegó el momento en que dejó de saber a gloria y nos supo a cacho.

Y en ese momento hizo su aparición otro angelito, aunque ya éste tenía más cara de diablito. Se trataba de un buen amigo de María, mánager de una famosa tienda de comidas, muy grande a nivel nacional. Éramos muy dulces para tener amigos, pero igual de dulces para que estuvieran tan pasmados como nosotras. El amigo tenía un buen trabajo, pero el salario se le iba completo en deudas y en un gasto enorme en un *child support*, por lo que con todo y el cariño que nos tenía, no encontraba manera de ayudarnos, hasta que un día se le ocurrió darnos una mano de una manera bastante particular.

Nos dijo que entráramos a la tienda y echáramos en el carrito de compras todo lo que necesitáramos para comer. Nos advirtió que no nos lleváramos nada que no fuera absolutamente necesario, nada de lujo y por supuesto, cero alcohol. Que él nos diría después cómo, aprovechando su puesto de mánager, íbamos a salir del almacén sin pagar.

Entramos a esa tienda como si el mundo se fuera a acabar. Agarramos carne, pollo, pescado, verduras, leche, chocolate, jugos, aquello, lo otro. El carro lleno y nosotras con el estómago vacío. Casi lloramos de la emoción hasta que llegó el momento de pasar por la caja registradora y los nervios empezaron a apoderarse de nosotras.

Nos dijo que siguiéramos caminando hasta el área de la jardinería y que saliéramos por allá tranquilas, despacio, sin correr para no levantar sospechas. Él era el mánager, estaría cerca y si alguien nos paraba sabía perfectamente lo que iba a contestar. A ese punto ya estábamos arrepintiéndonos. Nos miramos y sin decirnos ni una palabra nos fuimos de ahí llenas de víveres, el corazón a punto de salírsenos, intentando encontrar el carro que nos habían prestado nuestros compañeros de apartamento para que echáramos la comprita que nos iban a "donar". Fue una decisión que tomamos con el estómago y no con el cerebro, porque sabíamos que si le dejábamos esa decisión a éste, nos íbamos a ir a la casa muertas de hambre.

Cuando nos subimos al carro ninguna de las dos habló. Solo llorábamos y reíamos, y aún no sé si llorábamos porque reíamos o reíamos porque llorábamos. A nuestro amigo mánager lo amamos. Gracias a él nos comimos, después de mucho tiempo, un buen plato de sancocho.

Superamos finalmente la época de las vacas flacas y llegó otra temporada buena en las flores, la del Día de las Madres. Aprovechamos para ganar dinero extra y "cuadrar caja".

Después de terminada la temporada del Día de las Madres me dieron una oportunidad en esa misma empresa, en esta ocasión para trabajar en las oficinas, en el departamento de envíos, donde se mandan y reciben las cargas. Ya la cosa era diferente, no hacía tanto frío, no estaba en aquellas neveras limpiando las flores y tenía un horario de oficina.

La convivencia en el apartamento ya dejaba de ser tan divertida. Poco a poco sentíamos la necesidad de tener nuestros espacios. María y yo estuvimos de acuerdo en que había que moverse y buscar algo diferente. Ella se quedó con los chicos en el apartamento, y yo alquilé otro en una zona de la ciudad que se acomodaba perfectamente a mi presupuesto. No quería seguir compartiendo vivienda con nadie. Ya había sido suficiente.

Venía la parte más complicada, ¡amoblarlo! Una amiga con la que había trabajado en lo de los celulares me llamó para avisarme que unos vecinos suyos estaban regalando un sofá verde. Y para mi suerte su hermano estaba comprando unos muebles de cama y estaba regalando los que tenía, ¡con colchón y todo!

Entre las cosas que mi amiga había conseguido para mí, había una ollita un poco vieja pero que me cayó de perlas porque no tenía nada. Y cuando digo nada, ¡es nada!

Esa olla fue la "olla-transformer", y al ser la única que tenía, cumplió varias funciones.

Primero calentaba la leche para el café -no había horno microondas-, luego la lavaba y la usaba para preparar los huevos. Y así poco a poco hasta que las cosas fueron mejorando y no solo pude comprar más utensilios sino mudarme a otro apartamento más cómodo y en un mejor sector.

En situaciones como esa uno se emociona con la compra de una cuchara. Son esos pequeños grandes avances que se disfrutan y se valoran cuando no tienes nada.

Con el tiempo dejé la compañía de flores y me fui a trabajar a una galería de arte en la que no solo vendían las obras sino que las enmarcaban. Dependiendo del marco que eligieran los clientes, la mayoría de las veces había que enviarlas a otros sitios, pero antes había que tomar las medidas exactas, y a mí eso de las medidas como que tampoco se me ha dado. Javier, el dueño de la galería, muchas veces tenía que salir a mi rescate porque los clientes pasaban a buscar sus trabajos enmarcados y no estaban listos o tenían un marco diferente al que habían pedido.

Javier estaba casado con una mujer muy dulce nacida en Boston y me agarraron cariño, querían que aprendiera más del negocio y me hiciera cargo de la galería. Yo luchaba en aquel momento con mi primer carro, un Buick del año 86 que me dejaba botada cada dos calles. A ese carro le sonaba todo excepto la bocina. Hasta que un día ese mismo carro fue el responsable de que dejara el trabajo de la galería.

Iba de camino por una vía que conecta a Miami Beach, el cacharro empezó a echar humo por todas partes, parecía un *barbecue* ambulante, y de pronto se quedó como muerto en mitad de la calle. Ya para esos días tenía celular, así que llamé a mis jefes para contarles lo ocurrido y ellos, muy preocupados por mi situación, decidieron que lo mejor era ayudarme con un carro más nuevo y en mejores condiciones. También mejorarían mi oferta laboral, descontando del salario el préstamo que me harían para comprar el carro.

Me asusté, no pude aceptarlo, me sentí como novio con miedo al compromiso. Es que ese trabajo no era el amor de mi vida. Yo estaba ahí por resolver mientras encontraba algo mejor (sí, más o menos como pasa con ciertos novios). Tuve que mentir un poco y decirles que no podía aceptar su oferta porque…, bueno, la verdad es que no me acuerdo bien de lo que les dije, pero sí me acuerdo que no les dije la verdad. Salí corriendo a buscar otras cosas.

Di varias vueltas por ahí, una vez más me estaba quedando sin trabajo y apareció una oportunidad en un sitio que vendía pasajes para ir a Cuba. En esa época el viaje tenía que ser a través de México y había que tener especial cuidado al hacer las conexiones, porque eso podría ocasionar un caos y así ocurrió. El trabajo me duró una semana. Pero yo seguía agarrando lo que me caía. En otra ocasión cuidé niños, también ayudé a hacer mudanzas y con el dinero que hacía entre cosa y cosa me las arreglaba para cumplir con el nuevo compromiso económico que había adquirido con el apartamento.

Las cosas iban saliendo, y las finanzas empezaban a tener mejor cara. La relación con mi tía después de haberme ido de su casa también había mejorado. Ella insistía mucho en que fuera a una radio colombiana llamada RCN a buscar a un buen amigo de la familia para que me ayudara. Yo siempre me negaba porque no me sentía lista para dar el salto de la oficina de flores a la cabina de radio. Fue tanta la insistencia de mi tía que por fin me metí la ida hasta allá.

Pedí una reunión con Francisco "Pacho" Restrepo, en aquella época el Jefe de Programación de la estación, quien dicho sea de paso, se mantenía gracias a los fondos que llegaban desde Colombia.

No pude llegar en mejor momento. Y es que fue uno muy difícil para Francisco pero al mismo tiempo le dio una satisfacción muy grande mi llegada.

Pacho tenía que irse a Colombia a someterse a una operación de trasplante de riñón y eso le obligaba a dejar sus labores en Miami.

Él estaba a cargo, entre otras cosas, de un programa que se llamaba *El musical RCN*, pero ese musical no ponía canciones de Alejandro Sanz ni de Ricardo Montaner. Ahí la cosa era música vieja, muy vieja.

Artistas como Orlando Contreras, Olimpo Cárdenas, Julio Jaramillo y Bienvenido Granda y los boleros de Celia Cruz. Mejor dicho, toda esa música con la que crecí y que escuché en mi casa mientras se tomaban los aguardienticos. Esa música que en algún momento fue mi peor tormento, y que odiaba tanto porque era la que sonaba cuando se llenaba la casa de amigos de mi mamá y su esposo, quienes se reunían para beber, fumar y compartir hasta la madrugada, entre risas, brindis, humo de cigarrillos, "el último y nos vamos", y yo quería salir corriendo. Esas cosas las odiaba de niña, pero con el tiempo mi alma bohemia se alimentaba cada vez más; y de ahí en adelante fue lo que busqué casi sin darme cuenta. Empecé a adoptar ese patrón. La música siempre ha sido parte fundamental de mi vida, y si está acompañada de unos traguitos, mejor.

Pues bien, mis funciones en ese programa me vinieron de maravilla porque no lo veía como trabajo, sino que me gustaba. Además, desde jovencita acostumbraba mirar quiénes eran los compositores de mis canciones favoritas. Eso no era muy normal en gente de mi edad. Por lo general, cuando a alguien le gusta una canción es por su intérprete, pero yo siempre tenía la inquietud de averiguar quién era el compositor.

Lo disfruté mucho a pesar de las críticas. Para empezar, no sabía que antes de llegar a reunirme con Pacho ya había una fila enorme esperando por esa oportunidad, y el hecho de que una chica de escasos veinte años hablara de Vitín Avilés con tanta propiedad era algo que a muchos incomodaba. Especialmente porque en ocasiones no hablaba yo del asunto con tanta seguridad como hubiera querido. Metí la pata mil veces pero procuraba prepararme lo mejor posible antes de salir al aire. Llamaba a Medellín permanentemente para que mi mamá o alguien de mi familia me dieran datos de esos cantantes, que en su mayoría estaban muertos. Me regalaron libros con las biografías de los mayores exponentes de la música folclórica. En ese tiempo, no había Wikipedia, ni existía Google.

Con el tiempo *El musical RCN* lo cancelaron porque a los nuevos jefes de la radio les parecía que eso no pegaba con la programación, pero a mí me dieron otras obligaciones y me mandaron para el noticiero en las mañanas. Para eso tenía que levantarme todos los días a las tres y treinta de la mañana. No me gustaba el noticiero, pero sí el equipo de trabajo que montamos y eso ayudaba a que fuera menos tediosa la levantada a esa hora. Es que eso es inhumano. Luego me dieron otras ocupaciones, algo que siempre he de agradecer, porque me ayudó a formarme y así, prepararme antes de salir al aire. Yo a todo decía que sí, pues sabía que en algún momento tantas experiencias me servirían para llevarlas a la práctica. Una de estas responsabilidades fue ser la productora de Gilda Mirós, ¡sí, de esa "biblia"! Esa señora sí sabía de lo que hablaba.

Mientras yo buscaba en un libro quién era Tite Curet Alonso (q.e.p.d), ella lo llamaba y lo sacaba al aire. Perdí la cuenta de las veces que Celia Cruz le recibió las llamadas. La agenda de aquella señora valía oro. Aprendí mucho a su lado, qué mujer tan dulce y tan profesional. Puertorriqueña radicada en Nueva York, locutora, actriz de teatro y cine, y además bellísima físicamente. Hoy y siempre la recuerdo amorosamente, mi querida Gilda Mirós.

Capítulo 11
De la prisa solo queda el cansancio

La Dra. Nancy Álvarez asegura que "elegimos" a nuestras parejas basados en la relación que tuvimos con nuestros padres". ¡En mi caso, nada más cierto que eso!

Estuve casada por ocho años con Manuel, un locutor de radio muy reconocido en Miami. Bueno, realmente duramos seis años viviendo juntos antes de casarnos.

Manuel había tenido una niñez difícil y de adulto la cosa no fue diferente. Yo fui su tercera esposa y ya venía con tres hijos de tres relaciones anteriores.

No había tenido buenas experiencias y eso provocaba que en cada discusión de pareja, por leve que pareciera, él la veía como motivo suficiente para proponerme que nos separáramos. Siempre estuvo latente la amenaza del abandono.

Cuando teníamos alguna crisis de pareja dejaba de hablarme y al final siempre era yo quien daba el primer paso, aunque pensara que la culpa había sido de él. Me mortificaba mucho su silencio y en ocasiones pasaba horas rogándole y llorando para que no nos dejáramos.

Le pedía que nos diéramos otra oportunidad, que era normal tener crisis siendo una pareja tan dispareja, que problemas tenía todo el mundo, que bla, bla, bla. Cuando ya los ojos me quedaban chinos de tanto llorar entonces el hombre se "apiadaba" y me perdonaba.

Sin embargo, de la manera más repentina la que terminó pidiendo que nos separáramos fui yo.

Cuando me casé con Manuel yo tenía apenas veinticinco años. Él tenía dieciséis más que yo. Me convertí en su hija mayor, aunque a veces era como su madre y muchas veces quise darlo en adopción. En fin, yo cumplí con mucha responsabilidad mis dos roles cuando era necesario.

Fueron ocho años llenos de altibajos emocionales. Yo buscaba un padre y él buscaba compañía. Siempre fuimos muy buenos amigos, pero creo que jamás llegamos a ser verdaderos amantes. Era muy complicado para ambos luchar contra nuestros egos siendo los dos personajes públicos. Terminábamos hablando siempre de lo mismo, incluso en los lugares más románticos del mundo. Parecíamos un par de socios más que otra cosa. Los dos teníamos una personalidad muy fuerte, y para rematar, éramos ambos hijos abandonados.

Tuvimos demasiados episodios de separación. Eran repetitivos y en ocasiones me daba vergüenza contárselo a mis más allegados porque ya ni yo misma me lo creía. Siempre que nos peleábamos los silencios llegaban a la casa y se hacían largos e innecesarios.

No conocíamos la diferencia entre una pequeña discusión y una pelea. Todo en esta relación era motivo de crisis. Si surgía una diferencia entre nosotros, no daba señales de vida en todo el día. No había llamadas desde su oficina ni mensajes de texto. Buscaba cualquier excusa para llegar tarde a la casa y no avisaba. Era su manera de "castigarme", pero jamás pensé que estuviera con otra mujer. Al día de hoy podría asegurar sin temor a equivocarme que no fue infiel. Su problema era otro.

Uno de esos silencios llegó de pronto a la casa sin más, de la nada. Yo no entendía por qué de buenas a primeras mi esposo había cambiado su actitud. No era nada anormal que sucediera, pero por lo general lo hacía después de una pelea, no así sin ningún motivo. Bueno, ningún motivo para mí, obviamente para él sí lo había. Estaba visiblemente incómodo por algo.

Era la semana de su cumpleaños y habíamos planeado hacer una pequeña fiesta en casa con sus amigos y su familia, que estaba próxima a llegar de Colombia. Llegué al apartamento y estacioné el carro lleno de comida, licor y todo lo que necesitaba para la fiesta. Estaba en el *lobby* del edificio, sacando la compra, y en eso veo que llega del trabajo. Pasó

por delante de mí y entró al edificio sin siquiera saludarme, a pesar de que me vio con las manos ocupadas, bajando toda la mierda de su cumpleaños.
Empezó la fiesta con sus amigos y su familia, recién desempacada de Colombia, lista para quedarse en Miami dos meses como lo hacían dos veces al año. Todos felices. Había regalos, música, licor, comida y por supuesto, no podía faltar el momento cumbre de la noche. El éxtasis, su éxtasis; el discurso para agradecer a toda la gente que estaba esa noche ahí haciéndolo sentir importante. Lo hacía en cada cumpleaños, y cada vez que podía.
Le agradeció a su mejor amigo -del momento-, a su mamá, a su hija, a todo el mundo importante en su vida. A todo el mundo, menos a mí. Yo seguía sin existir. Me fui a dormir temprano, él se quedó con los pocos invitados que quedaron y no se despidió, ni me dijo nada por la fiesta que le acababa de organizar.
Al día siguiente no aguanté más. Necesitaba romper ese silencio y me lancé y le pregunté qué era lo que le pasaba.
"Tú, sabiendo que mi familia llegaba ayer, no te interesaste en toda la semana en tener sexo", me reclamó. "Sabes que una vez que ellos estén aquí es más difícil por la poca privacidad que tenemos, pero eso a ti ni te va ni te viene, a ti como que no te preocupa que pasen una o dos semanas sin que hagamos el amor".

Tenía razón, por mí podían pasar meses y no me preocupaba en lo más mínimo y menos si lo hacía por cumplir.

Nunca he sido buena separando el amor del sexo. Envidio a la gente que puede hacerlo.

A muchos debe sucederle que su pareja lo trata con absoluta indiferencia. Que pasan los días y no hay una expresión de cariño, no le dice al otro u otra nada positivo, hacen méritos para que lo dejen de admirar y el gusto por él o ella vaya disminuyendo, pero pretenden que al llegar a la casa la pareja esté ardiente, esperando más caliente que plancha de chino.

Muchas veces le insistí y le dije que esa actitud causaba en mí el efecto contrario. Que no me hiciera cuentas de los días que llevábamos "sin nada de nada", porque cada vez que él se molestaba por eso, las cosas empeoraban y yo me apagaba, porque menos ganas me daban.

Con el tiempo y las terapias aprendí a entenderlo. Lo que pasa es que lo hice un poquito tarde, cuando ya estábamos divorciados. Entendí que su niñez difícil y las malas experiencias con relaciones anteriores hicieron de él una persona insegura. Su arma para fortalecerse, quizás sin darse cuenta, era su arrogancia y al ser yo mucho más joven que él, su inseguridad era aún mayor. Como si fuera poco, yo no era muy fanática a terminar en la cama cada cierto tiempo a la semana, y eso era motivo de crisis, porque lo primero que le venía a la cabeza era que ya no lo deseaba. Cómo culparlo si ya le había sucedido lo mismo en sus dos matrimonios anteriores.

Fue una relación muy extraña. Todo comenzó siendo compañeros de trabajo, pero no compartíamos nada cuando terminaba la jornada laboral. Él era muy cuidadoso con su vida privada. Tenía muy cerrado el grupo de sus amistades y nosotros, sus compañeros de trabajo, no teníamos cabida ahí, ni había por qué tenerla. Sin embargo, con el tiempo empezamos a tener más confianza y en el poco tiempo libre que nos dejaba el trabajo compartíamos todos un poquito de lo que estaba pasando en nuestras vidas fuera de ahí.

Él estaba teniendo problemas en su matrimonio y había tomado la decisión de separarse. Yo andaba sufriendo gratuitamente por un novio que dejó de hacerme caso al año de estar juntos. Parece que él se cansó primero de mí que yo de él y comenzó a tratarme con total indiferencia.

Así que ahí estábamos los dos, Manuel y yo, susceptibles, vulnerables, más solos que la una pero enfocados en superar nuestros respectivos traumas amorosos. Jamás nos pasó por la mente que algún día terminaríamos juntos.

Era un hombre muy divertido, me hacía reír muchísimo. El sentido del humor era su mayor atractivo. Eso y que nunca recibí un piropo o señal de coqueteo de su parte, mientras fuimos amigos. Sí, eso me fascinaba y me fue conquistando porque a su lado, me sentía cómoda y segura.

Si hay algún caballero leyendo esto quiero decirle que cuando las mujeres estamos saliendo de una ruptura amorosa, no hay nada más reconfortante que un amigo que nos haga sentir su apoyo honesto y desinteresado. A esa mujer que a usted le gusta mucho, pero que está débil sentimentalmente, intentando recuperarse de una resaca emocional, no le ofrezca otra cosa más que su amistad. Intente meterse en su corazón, no en su cama.

Con todos esos ingredientes, la amistad se fue transformando poco a poco en otra cosa y la atracción se hizo cada vez más fuerte.

El día después de habernos dado el primer beso me enteré que él llevaba un tiempo manteniendo una relación a distancia en Colombia. Alguien que había conocido en medio de los múltiples viajes que hacía con el fin de poner distancia entre él, su esposa y ese deteriorado matrimonio. No me lo contó él sino un amigo al que le compraba los pasajes, y a quien había llamado temprano en la mañana para pedirle que le cancelara el viaje que tenía pautado para verse con su conquista. El plan era encontrarse en Cartagena el fin de semana, pero cuando repentinamente las cosas en Miami cambiaron de rumbo entre nosotros él no lo pensó dos veces y decidió llamarla y pedirle perdón por dejarla plantada. Le dijo que por favor, no dejara perder el pasaje y la reserva de hotel, que ya estaba todo pagado, pero que no le parecía honesto de su parte seguir con ella porque había decidido darse una oportunidad conmigo. Con ese detalle se ganó mi confianza absoluta, quedé derretida y lista pa'l matadero.

A solo cuatro meses de noviazgo ya estábamos viviendo juntos, pero es que uno no hace caso cuando la abuelita le dice que "de la prisa no queda sino el cansancio", y aquí la calentura pudo más que la razón.

Ambos nos dejamos llevar por la soledad y asumimos el papel de rescatadores, teníamos tantas ganas de una relación que funcionara y de una persona que nos levantara, que nos metimos de cabeza sin pensar en todo lo que teníamos en contra.

Mis amigas me recordaban que él recién estaba saliendo de una separación, que el divorcio apenas había comenzado a tramitarse, que había una niña de dos años de por medio, y otros dos hijos en Colombia de dos relaciones diferentes. Intentaron hacerme recapacitar, pensar que estábamos confundiendo los sentimientos, que yo estaba buscando la seguridad que me había robado la relación anterior, que "tener cosas en común" no es que a ambos nos guste el vino y el sushi. Que eran más las cosas que nos separaban que las que nos acercaban. Nada de eso me detuvo y al poco tiempo de comenzar la relación también llegaron los conflictos.

Como sucede en casi todas las relaciones que recién comienzan, nuestra actividad favorita era salir a cenar o preparar comida en la casa, ver películas, tomar vino y así sucesivamente. No había mucha actividad física y empecé poco a poco a ganar peso, mucho peso. Hacía mil dietas, las abandonaba y entonces volvía a aumentar. La mayoría las hacía a escondidas de él porque empecé a notar que le incomodaba que perdiera peso. Al estar más delgada me veía mucho más joven. Imagino que a eso se debía su incomodidad.

En muchas ocasiones llegué a pensar que me tenía rabia; es que era tanta su inseguridad y el miedo a perderme que me humillaba y quizás, sin darse cuenta, me hirió mucho.

Nunca hubo maltrato físico. Éramos expertos ofendiéndonos con palabras. Tampoco gritaba, lo que decía lo hacía en un tono suave pero firme. A mí de tanta ira se me quebraba la voz y él muy sereno destacaba mi "histeria".

Soñaba con tener el valor de dejarlo. Imaginarlo rogando un día como tantas veces lo hice yo. Me parecía casi una utopía.

Estando con él recibí la primera propuesta para hacer una obra de teatro y su respuesta fue radical:

"el primer fin de semana quizás vaya al teatro a verte, pero no voy a aguantar que estés allá por un mes. Eso sería definitivamente el fin de esta relación". Después de esa afirmación tan rotunda, ¿quién se atreve, pues? Decliné la invitación. Sin embargo, cuando ya estábamos separados lo tuve de espectador en dos de mis obras (a una de ellas fue dos veces).

A Manuel no le faltaba la lectura de la Biblia todas las mañanas y la ida a misa los domingos, pero cuando se enojaba por algo, ni la Biblia ni la misa valían de nada.

Uno de esos domingos, muy molesto conmigo -no recuerdo por qué-, salió para la Iglesia solo en su carro, y yo en el mío. Llegué y me senté a su lado a escuchar la misa. No me miraba, era una desconocida para él, pero yo sabía que por ahí venían dos momentos cruciales: el de la paz y el del padrenuestro. En ambas había que tomarse las manos y entonces una sonrisa frente a ese Dios al que tanto le rezaba en las mañanas sería el final de nuestra tonta discusión. Sí, es cierto que no recuerdo lo que lo tenía tan enojado, pero sí sé que no era nada grave, porque a los dos días ya estábamos bien.

Llegó el momento del padrenuestro. Me agarró la mano con fastidio, sin muchas ganas, "no nos dejes caer en tentación y líbranos del mal" (antes de terminar ya me había soltado la mano), "amén".

Y de ahí vino la paz. Me dio la mano y así mismo la soltó y siguió en la misma tónica, se fue repartiendo la "paz" a todos los que estaban sentados cerca. Menos mal que a ese hombre no lo mandaron a Cuba a negociar con las FARC. No le habrían dado el Nobel a Santos.

Terminó la misa y salió de la iglesia disparado sin mirarme, tomó su carro y se fue no sé dónde. Quizás a otra iglesia, a la siguiente misa, a seguir repartiendo la paz.

Eso me recordó la primera vez que visité Europa. Fuimos a celebrar mi cumpleaños número treinta. Nunca había volado tantas horas y creo que de solo pensarlo me enfermé. Me dio una gripa terrible y las horas de vuelo fueron un infierno. Nariz tapada, dolor de cabeza, garganta y todo lo que un catarro conlleva.

Era la época de mi cumpleaños, febrero, en ese mes hay un frío en Roma que te congelas, y yo con esa gripa que llevaba empacada viajando conmigo desde Miami lo único que quería era dormir, pero por supuesto, no lo hice.

Una de las visitas obligadas fue al Vaticano y la verdad es que cuando entré a aquel sitio -quizás fue por la gripa- sentí todo menos a Dios, ni ese montón de cosas que mi muy creyente esposo pretendía que sintiera.

Tanto lujo, tantas reglas, que tápese los hombros, que no se le vea la pantorrilla y al cura de turno ni se le acerque. Uy no, que pereza, salí como entré, sin la piel erizada ni el ojo vidrioso a punto de derramar la lágrima.

No hubo peor ofensa para ese hombre que le dijera que el Vaticano no me había inspirado nada, que solo me pareció una construcción hermosa, pero hasta ahí. Bueno, pues esa gracia me costó que el *man* me dejara de hablar otros tres días (casi lo que faltaba para acabarse el paseo).

Llevábamos juntos cinco años y luego de un viaje a Guadalajara a una fiesta que organizó Alejandro Fernández y su disquera, llegué directo al hospital, por lo que inicialmente fue diagnosticado como peritonitis. Al día siguiente el médico vino a corregir su pequeño error. Se trataba de una gastritis. Se había equivocado de "itis", aunque el seguro cobró como si me hubieran hecho autopsia y todo, porque en este país no te hacen nada "gratitis".

No quise que nadie me visitara, -excepto mi tía-, es decir, tampoco quería que ella me visitara pero fue imposible impedírselo.

La segunda noche se ofreció a dormir conmigo en el hospital, pero le dije que no era necesario, que ya Manuel llegaría y seguramente se quedaría conmigo. Con lo que yo no contaba era con la falta de televisor en la habitación, así que Manuel, muy incómodo con la situación, trajo de la casa uno pequeño que teníamos en la cocina, pero al no poder sintonizar el partido de fútbol -no recuerdo qué equipo jugaba esa noche-, se fue para la casa.

No le gustaba que me enfermara, le molestaba, le incomodaba, le daba rabia y yo me sentía culpable. Al día siguiente me dieron el alta médica y tampoco pudo venir al hospital a buscarme, así que salí de allá sola, medio drogada por la medicina que me estaban dando para calmar el dolor que causaba mi "itis", y con nuestro pequeño televisor (que en el divorcio pasó a ser "su" televisor).

Capítulo 12
Por la puerta de atrás

Llevaba un par de años trabajando en *Radio Caracol* y ese lunes Manuel y yo llegamos a la oficina unos minutos antes de lo habitual, porque los jefes querían reunirse con nosotros antes de salir al aire. El primero en entrar a hablar con ellos fue Manuel, no se tardó mucho y eso me dio cierta tranquilidad, hasta que vi su cara totalmente desencajada. Pasó por el lado mío y me dijo: "te están esperando, no vayas a llorar".

Cuando entré no dijeron mucho, únicamente que ya no había presupuesto y que tenían que prescindir de nosotros dos. Que hasta luego y muchas gracias por todo. Después de varios años en el lugar número uno en *ratings* y en ventas salimos de la radio despedidos a la una de la tarde y a las cuatro arrancó el programa *De regreso a casa con Caracol*, como si nada hubiera pasado. No se dieron explicaciones al aire, como es lógico en esos casos, y aún no existían las redes sociales, así que se salvaron de que los oyentes les hicieran reclamos y *bullying*.

Ellos tenían bien montada su estrategia para que el programa no se viniera abajo y lo lograron. Habían hablado previamente con el resto del grupo. A uno de ellos, que había ingresado a la empresa recomendado por nosotros para que apoyara la producción con sus libretos de humor, le mejoraron las condiciones económicas para que estuviera tranquilo, le aseguraron que todo iba a marchar bien, y así fue.

Tomamos acción lo antes posible aprovechando que nuestros nombres estaban calientes y muy pegados entre la audiencia y en menos de dos días armamos lo que sería la competencia para *De regreso a casa*. A la primera persona que llamamos fue a nuestro libretista estrella para pedirle que se viniera con nosotros, pero él rechazó la oferta inmediatamente. Tenía dos hijos pequeños y estaba recién llegado de Nueva York. La empresa le había ofrecido más dinero y la estabilidad que a nosotros nos faltaba. Estábamos muy susceptibles y lo único que pensamos fue que ese amigo nos estaba traicionando. Tardó mucho tiempo para que se nos pasara la resaca emocional y entendiéramos que había tomado la decisión correcta, y que lo más sensato por la seguridad económica de su familia era quedarse allá donde estaba.

Nuestros teléfonos no paraban de sonar. Recibimos todo tipo de llamadas. Hubo quienes querían solidarizarse con nosotros y ofrecerse para lo que necesitáramos, y no faltaron los que simplemente llamaban para enterarse bien del chisme, así como otros que ni lo uno ni lo otro, que no han aparecido más hasta el sol de hoy, afortunadamente.

Meses antes del despido, a Manuel y a mí nos habían ofrecido ser los padrinos del hijo recién nacido de uno de esos compañeros de trabajo que siempre mostraba mucha simpatía por nosotros, lo que tuve que rechazar delicadamente sin el ánimo de ofender con el argumento de que no tenía hasta ese momento ningún ahijado (sigo sin tenerlo), y que la primera vez que fuera a ser madrina quería serlo con el hijo de algún familiar o amigo más cercano.

Lo tomó muy bien, entendió mi posición, nos invitó al bautizo, comimos, bebimos, nos emborrachamos y a pesar de nuestra negativa de ser los padrinos de su hijo, empezó a decirnos cariñosamente "compadres".

Recuerdo que salía de la radio recién botada con mi cajita llena de chécheres y en el *lobby* me lo topé. Nos despedimos y le pedimos que nos llamara luego para conversar sobre lo sucedido, "claro que sí, compadres" nos dijo. Aún estoy esperando la llamada.

Es que esa vaina de los despidos es casi como un luto, uno no sabe ni qué decir. Es tan incómodo hablar con alguien que acaba de perder su trabajo y más aún si es un compañero que se está yendo y uno sigue en la empresa…

Y así viví la salida de ahí, como un luto. Los primeros años no podía escuchar la estación. Me dolía el alma escuchar ese programa con el nuevo elenco. Me daba un dolorcito de estómago, así como cuando uno termina con un novio al que todavía ama y lo ve en la calle dándose un beso con la nueva novia, pues así. Y es que mientras más lo pensaba no lograba entender qué había hecho para que me despidieran. Por mucho tiempo quise saber la razón verdadera por la que salimos. Incluso un día me encontré con uno de los jefes de aquella época y le pregunté, pero no me dio razón alguna. Creo que aún era muy pronto para decírmelo y la confidencialidad aquella que se firma en los contratos había que respetarla.

Si alguno de los que está leyendo este libro tuvo algo que ver en ese despido o conoce los verdaderos motivos de nuestra salida, por favor, repórtese al área de servicio al cliente, pero le advierto, no quiero chismes, solamente la verdad.

Cuando las empresas toman una decisión de esas no hay santo que lo salve a uno. Yo me sentía segura por varias cosas. Primero, porque éramos el programa más exitoso en ratings y ventas de la estación. Segundo, porque me consideraba buena empleada, cumplidora de mis responsabilidades, talentosa y, como si fuera poco, tenía una relación de tipo etílico con los jefes.

Dos veces a la semana como mínimo después del trabajo terminábamos un pequeño y exclusivo grupo de compañeros con los jefes en un restaurante que quedaba al frente de la radio y pasábamos horas hablando, planeando sobre el futuro, escuchando sugerencias, pero especialmente muchos halagos acerca de mi desempeño, así que me tragué el cuento completico de que estaba a salvo. Otro error de juventud.

Esa experiencia me hizo despertar y darme cuenta de que nadie es indispensable en ningún trabajo. Que todos tenemos reemplazo y que por muy amigos que nos creamos de los jefes, el día que nos tienen que despedir lo hacen, porque seguramente ellos también están cumpliendo órdenes.

Aprendí además que cuando se ama algo o a alguien, hay que valorarlo y no maltratarlo, que nadie sabe lo que tiene hasta que lo ve perdido, que la arrogancia y la prepotencia no son buenas consejeras, que mientras más alto subas hay que actuar con más humildad para que no sea muy doloroso el golpe a la hora de la bajada. Cuando uno se queda en la calle hace falta un buen colchón que ayude a amortiguar el porrazo. Y digo todo esto porque ese show de radio fue mi primer amor. Me gustaba, lo disfrutaba, con mis compañeros de equipo teníamos una química increíble y eso al aire la gente lo notaba. Además, estaba iniciando un ascenso que me producía una gran ilusión, comenzaba a tener un acercamiento con el humor. Fue allí cuando empecé a escribir y a hacer personajes y eso me tenía viviendo una luna de miel con mi carrera en la radio.

Después de eso hubo muchas puertas cerradas. Otras se abrieron, pero no de la manera que nosotros deseábamos, y es que hubo que volver atrás y comenzar de cero. Nos fuimos a la 1360 AM, en aquella época *Radio Uno*, a comprar tiempo. Esto quiere decir que había que pagarle a los dueños de la estación cierta cantidad de dinero al mes, y así ellos te alquilaban tiempo al aire. En nuestro caso eran tres horas diarias -de tres a seis de la tarde-. El programa se llamó *Por fin en casa*. La idea era comenzar una hora antes para hacerle competencia directa a nuestros antiguos empleadores y compañeros de *Radio Caracol*. ¡Qué días aquellos memorables! Armamos un grupo realmente bueno. Fue tal la bulla y los radios que hicimos cambiar de dial, que nuestros antiguos jefes nos enviaron una carta firmada por sus abogados, prácticamente amenazándonos con demandarnos por plagio. Según ellos, "estábamos copiando" el concepto de *De regreso a casa*. Nos asustamos, levantamos carpa y nos fuimos de ahí para otra estación de radio, y le cambiamos el nombre al show. Por supuesto, ese fue el comienzo del fin, pues no hay nada que conduzca más un show al fracaso, ya sea de radio o de TV, que la falta de estabilidad. Por eso, cuando uno ve por aquí que tal show o tal novela cambia de horario, eso es que ya comienza a oler a formol. Su muerte ya está casi asegurada, y *Por fin en casa* no fue la excepción.

Por fortuna, cada uno de nosotros comenzó a tener otras entradas económicas y finalmente nos separamos para seguir adelante en otros proyectos, los cuales sí estaban dejando dinerito, porque en la radio ya nos estábamos comiendo un cable *"pelao"*.

Por esos días fui como invitada al *show de los Fonomemecos* que para esa época estaban en *Univision Radio*. Allí les hice un par de personajes que ya tenía bien aprendidos: Paulina Rubio, Shakira y Cristina Saralegui. Les preparé una parodia de Thalia con un caso que fue muy sonado en esos días con la Comisionada Miriam Alonso que fue a la cárcel por malversación de fondos. Esos temas actuales tratados con humor fueron el deleite de estos dos chicos, Miguel y Gilberto, que me estaban dando la primera oportunidad en mi vida de hacer esto en una estación en FM, y a los cuales les estaré eternamente agradecida. Aunque debo decir que a pesar de que ellos movieron infructuosamente cielo y tierra para ayudarme, no era precisamente el tiempo que papá Dios tenía dispuesto para mí, así que seguí en la lucha para darme a conocer.

Era malísima haciendo esas imitaciones, pero en aquel momento era mi mejor carta de presentación para abrirme puertas. No había muchas mujeres haciendo eso y yo tenía el convencimiento de que era el clon de esas artistas a las que imitaba. Me presentaba así porque sabía lo que quería y era consciente que para lograrlo no podía venderme simplemente como locutora. Ya había muchas y muy buenas, así que necesitaba un "valor agregado" y lo de la comedia fue perfecto.

Una de las ventajas de comenzar a ejercer un oficio de la mano de tu familia es que estás en una zona segura de intentos de acoso y favores sexuales a cambio de una buena posición. Así me sentía, segura, protegida al lado de mis tíos. Carlos Julio fue el responsable de que Alonso se enterara que a mí me gustaba la radio. Sin que nadie lo esperara, lo puso a escuchar una grabación en la que yo hacía un comercial improvisado usando una grabadora donde ponía música de fondo, y un walkman de los que grababa voces para que me sirviera de micrófono. Busqué una publicidad en una revista y me lancé.

Cuando mi tío lo escuchó, me entregó papel y lápiz y el resto es historia.

Por su parte, mi otro tío Rubencho cuando supo de mis planes como locutora me dio dos recomendaciones que he procurado seguir. Una era que jamás entrara a una cabina de radio sin un lapicero porque eso era como ir desarmado a una guerra. Y la otra, que no es más listo quien más hable. Al contrario, que si no tenía nada interesante para decir era preferible que callara y me limitara a escuchar.

Años después, ya en Miami, encontré la posibilidad de empezar a ir a una radio para aprender a manejar la consola y entrar poco a poco al mundo del *fm* (frecuencia modulada). Ya no de la mano de mi familia sino de un conocido con el que había trabajado anteriormente. Sus recomendaciones distaban mucho de las de mis tíos. Las suyas eran, "aquí hay oportunidades de que te den un turno en la noche los fines de semana, pero pórtate bien con el dueño de la emisora".

Resulta que "portarme bien" era aceptar de vez en cuando la invitación a tomar una cervecita o cualquier otra cosita que el señor quisiera. Y sí, suena bien bonito cuando lo dices en diminutivo, ¿pues sabes qué?, le puedes decir al señor que la cervecita se la tome con otra. No alcancé ni a conocer la consola.

Capítulo 13
Miami, el espejo de la rabia

Mencionaba que comencé a escribir este libro a manera de terapia, porque aunque mucha gente no lo crea, fui una persona muy insegura por años. La lucha ha sido constante tratando de superar el abandono paterno, las libritas de más que comenzaron a acompañarme desde los ocho años y un paquete grandísimo que he tenido que cargar. Me he sentido fea, poco valiosa, opaca, gris, apagada y una larga lista de cosas que ya solo son parte del pasado.

Hubo mucho abuso por parte de gente adulta que supuestamente tenía que cuidarme y lo que hicieron fue lastimarme. Me hicieron un daño tan grande que ellos jamás podrían llegar a imaginarlo. Abuso de todo tipo, psicológico, verbal y sexual. Abuso que en su momento yo no vi como algo importante. Usualmente las personas que abusan de los niños son gente cercana a ellos y si te atreves a decir algo, lo más normal es que no te lo crean. Pero en medio de lo que me pasaba, nunca le di la importancia a esa situación hasta que comencé a experimentar tantos problemas a nivel personal. Tenía rabia, una rabia infinita, un dolor que lo dejaba escapar con veneno, sátira, discusiones y quejas. Era más conflictiva y si algo malo pasaba, siempre estaba buscando culpables y mi delirio de persecución era permanente. Cada cosa que he logrado profesionalmente me ha costado el doble, porque no tenía una buena actitud. Y aunque no he estado exenta de discriminación también hago un *mea culpa* por el manejo que le di a la situación.

"Se consigue más con miel que con hiel", decía mi abuelita. Y aunque todavía me cuesta mantener la diplomacia en determinados momentos, sí hay un evidente cambio.

Cuando abría mi pecho para que todo aquello saliera, por lo general lo hacía contra la gente que tenía "poder" sobre mí. Ya fueran maestros, superiores o jefes. Supongo que de manera inconsciente en ellos veía la imagen de los adultos que cometieron estos abusos. Si algo no me parecía "justo", lo decía sin ninguna sutileza. Digamos que ahora no lo hago tanto. Es que después de que te metes en tanto lío hay un momento de la vida en que comienzas a tomar las cosas con calma y piensas dos veces antes de abrir la boca o de enviar un email, por ejemplo (o publicar un libro).

Y si en algún momento pensé que ya tenía el cupo lleno y no había más espacio para experiencias dolorosas llegó a mi vida un hombre musculoso con camisa apretada y olor a macho, y ahí sí que se puso fea la cosa (o sea, yo).

Capítulo 14
Perdiendo *rating*

Comencé a salir con este hombre que físicamente estaba más bueno que dormir hasta tarde y ese fue el peor de mis suplicios. ¡Me daba vergüenza todo! Incluso me tardé un montón de tiempo en tener relaciones con él, porque no quería por nada del mundo que me viera sin ropa. Madre, este capítulo te lo puedes saltar si quieres.
Pero lo más divertido es que él pensaba que yo era una mujer muy recatada y difícil y que por eso no le daba "la pruebita del amor". ¡Imagínense! ¿Quién dura saliendo en estos tiempos más de un mes y medio, y no se pega su revolcadita? No era fácil, si ya el solo hecho de ponerme un traje de baño públicamente me incomoda, pensar en quedarme totalmente desnuda frente a aquel hombre que recién llegaba a mi vida, me provocaba una crisis existencial. Yo llevaba ocho años viviendo con la misma persona, y aunque ya estábamos separados, seguía casada. De una cosa estaba segura y era que ya no había marcha atrás, el divorcio era inminente; sin embargo, no podía evitar sentir que estaba siendo infiel.

Ante esta situación, busqué una cita con el Padre Alberto (antes de que se casara). Le hablé de lo que estaba pasando con Manuel, de la separación, de mi nueva relación con el musculoso y de cómo mis libras de más y mis sentimientos de culpa, estaban dilatando mi ida a la cama con él. Que yo estaba acostumbrada a estar con el mismo hombre durante ocho años y la vergüenza podía más que la calentura.

Lo primero que me dijo fue no me sintiera mal por la decisión de separarme, que esa relación no tenía futuro y que si bien no me recomendaba que tan pronto me embarcara en una nueva, tampoco me sintiera insegura referente a mi sexualidad. Que él hacía terapia con parejas que a pesar de no tener un gran cuerpo disfrutaban mucho el sexo, y eso era en parte porque estaban concentradas en disfrutar su momento de placer más que en preocuparse por mostrarse perfectos, así que no tenían prejuicios a la hora de entregarse.

Quedé tan satisfecha con esa descripción tan detallada que hice caso omiso a la partecita donde decía que "no empezara tan pronto mi nueva relación", y salí corriendo para caer rendida en los brazos de mi tonificado tormento. Ahora que lo pienso, el padre Alberto sabía demasiado acerca de esos temas como para ser supuestamente célibe. Hmm, ¿cómo no lo sospeché desde un principio?

Siempre me pareció horrible salir con un hombre que estuviera más bueno y que se cuidara más que yo o que se mantuviera todo el día en un gimnasio. Un hombre vanidoso, "un hombre que se mirara más en el espejo que en mis ojos" (esa frase se la robé a alguien en Twitter). Pero dicen por ahí que si quieres un milagro hay que pedírselo a la lengua. Escupí pa' rriba y me cayó en la cara. Ahí andaba yo babeando por ese *man* que no tenía nada, absolutamente nada de lo que buscaba yo en un hombre.

Ahora bien, toda esa frivolidad del cuerpo, los rollitos y la falta de ejercicio fue la parte más trivial de toda esa historia, aunque en ese momento no lo veía así porque ni sospechaba que el verdadero infierno estaba por llegar.

No soy psicóloga, ni experta en relaciones. Tampoco me atrevo a dar muchos consejos y menos cuando no me los han pedido. Soy una mujer igual que tú. Un ser humano lleno de defectos, pago impuestos y sufro por la hambruna en el mundo y el maltrato a los animales, así que no esperen de éste un capítulo con una lista de recomendaciones para saber si ese hombre con el que estás saliendo es el típico manipulador, maltratador, abusador y mentiroso del que tienes que zafarte antes de terminar de leer este libro. ¡NO! Yo simplemente les contaré lo que me sucedió y que cada cual saque sus conclusiones, pero sin engañarse. Porque eso sí que es bien común en las personas que sufren de ese mal tan popular que es la falta de amor propio, la falta de respeto a uno mismo. Pensar que esa persona con la que estamos es la única en el mundo que se va a fijar en nosotras.

A nadie le gustó, nunca, desde el primer día. Unos lo dijeron inmediatamente, otros estaban seguros de que se trataba solo de un buen "polvito" que me estaba echando. Que era la típica relación que se usa de trampolín, como una escala que estaba haciendo para seguir el viaje. No fue así, esa escala duró casi cuatro años.

Las amigas nunca han faltado en mi vida. He sido una mujer muy afortunada y siempre (casi siempre), he estado muy bien rodeada. Las verdaderas amigas han estado ahí de manera incondicional, pero comencé a notar cierto alejamiento. Incluso una de ellas me dijo un día que si hablábamos en términos de radio y televisión, "yo había perdido rating" (había perdido audiencia), desde que estaba en esa relación tan tóxica.

Capítulo 15
La tormenta perfecta

Llevaba años escribiendo a manera de terapia y para cuando me di cuenta, ya se estaba convirtiendo en un libro. Con el paso de los días vivía en una montaña rusa de emociones. He plasmado aquí mis sentimientos más profundos, pero también lo he hecho en varias etapas de mi vida. He escrito en aviones, en la sala de mi casa y en días de profunda depresión, rabia y dolor. Es como un diario, solo que no "a diario".
Empecé a sentirme diferente, llena de vida, de amor, paz, tranquilidad, de sosiego y de confianza. Son esos días en los que ya la tormenta pasó y que estoy cuidando cada detalle para que nada ni nadie me robe esto que tanto esfuerzo me ha costado conseguir.
Sí, había perdido audiencia, mi *rating* había bajado. Hay que ser bien honestos, no hay nada más cansón que una amiga "despechada" que se pelea con el novio cada tres meses y siempre dice y jura que no vuelve nunca más con él pero siempre lo hace. Entonces lo que pasa es que tú te conviertes en su paño de lágrimas, ella te cuenta todos los horrores

que ese hombre le hace, pero cuando se arregla con él pretende que tú también lo vuelvas a "amar" y eso es bien difícil. Tú no puedes esperar que tus amigas lo perdonen cada vez que tú lo hagas, por eso es que la discreción juega un papel muy importante en todo esto.

Todo empezó mal, muy mal. Las mentiras eran tan evidentes, tan fantasiosas…, pero por algún motivo yo insistí en quedarme ahí. El morbo era fascinante, estresante, desgastante, angustiante. Mi corazón latía a un ritmo acelerado cada vez que presentía que me mentía (me salió en verso y todo). Ahora que miro hacia atrás me pregunto una y mil veces en qué carajos estaba pensando. No sé cómo pude soportar tanto tiempo, y a qué hora de mi vida me descuidé. ¿Cómo fue que llegué a quererme tan poco? ¿Cómo fue que le dediqué tanto tiempo a otra persona cuando yo tenía que ser la más importante de todas?

Comenzó llamándome a las cinco y cincuenta de la mañana, justo cuando iba de camino para mi show de radio. Eran esas llamadas extrañas ya que no todo el mundo habla por teléfono a esa hora, pero justo ese horario se convirtió en nuestro principal cómplice. Me sentía bella, coqueta, joven, más joven, deseada. Sentía que había resucitado, no podía creer lo que me estaba pasando, y quería contárselo a todo el mundo (y así lo hice).

Había conocido a un chico atractivo, tenía en ese entonces treinta y tres años de edad. Era atlético y aunque estaba muy lejos de lo que siempre me había fijado como el hombre de mis sueños o mi príncipe azul, me sentía sumamente halagada de ver que se había fijado en mí. En la gordita mal arreglada y descuidada que estaba más vacía que nunca en medio de un matrimonio de ocho años que hacía mucho tiempo no funcionaba. Ese matrimonio por el que infructuosamente tanto había luchado por conservar y otras tantas por dejar, pero que no lo hacía por miedo a quedarse sola.

Cada vez que pensaba en divorciarme llegaban las dudas: ¿qué sería de mí, llegando a Medellín a pasar una Navidad sin mi marido? ¿Qué le iba a decir a mis amigas si llegaba sola al próximo concierto de Luis Miguel? ¿Qué excusa tendría para mis compañeros de trabajo al llegar sin mi esposo a la próxima cena para celebrar los *ratings* de la estación? ¿Cómo controlar ese dolor en el pecho que me producía el insomnio de solo pensar que iba a despertarme en la más absoluta soledad? No fui capaz de tomar la decisión de separarme hasta que llegó Julio (no el mes). Me volví loca por él y en menos de un mes estaba otra vez soltera, lista para comenzar mi nueva vida.

Con lo que no contaba era con que Manuel, quien ya se había ido de la casa, luego de practicarse unos análisis de rutina, descubrió que tenía cáncer de próstata.

Aparecieron repentinamente una mezcla de sentimientos que no logro recordar con exactitud, pero si sé que me sentía responsable y hasta culpable por lo que estaba viviendo él.

No pude seguir con mis planes. Le pedí a Manuel que regresara a la casa mientras se curaba. Había que realizar una cirugía que en principio parecía fácil. El cáncer se hallaba en su fase incial, pero siempre quedaría el riesgo, luego de la intervención quirúrgica y los tratamientos, de que el paciente terminara sufriendo desagradables efectos secundarios, como impotencia o incontinencia urinaria.

Mientras todo esto pasaba, yo sentía la presión de Julio, quien se puso furioso cuando le conté mi decisión. Estaba claro que mi matrimonio había terminado, pero luego de ocho años juntos yo no podía mostrame ajena a la situación. Eso Julio no lo quería entender.

Entrar en los detalles de cuán dramáticos fueron esos días es algo que no me voy a permitir. Sería injusto con Manuel, quien en ese momento vivía un verdadero infierno. Ante su triste situación, mi "futuro" con Julio era una tema carente de importancia.

Le propuse a Manuel que frenáramos los papeles del divorcio, para que no perdiera la cobertura del seguro médico que teníamos gracias a mi trabajo. La cirugía fue todo un éxito. Sin embargo, superada esta etapa, al ver que nada hacía cambiar el rumbo de nuestra relación, me pidió que me alejara, y que cuanto antes siguiéramos adelante con los trámites. Su actitud era absolutamente comprensible. La rapidez con la que mejoraba su estado de salud me alegraba muchísimo, a la vez que me quitaba ese peso tan grande que llevaba encima y que en ocasiones me hizo dudar sobre si debía volver con él. Por fortuna no lo hice, el amor es una cosa y la compasión es otra. Él se merecía la primera y yo no tenía como dársela.

Uno de los graves errores que cometemos frecuentemente, es empatar una relación con otra. Si no aparece alguien nuevo en nuestras vidas, no soltamos lo que tenemos, por muy malo que sea.

El escenario se ve más claro desde afuera y todos sabemos lo que el otro debe y no debe hacer, pero cuando se trata de nuestras experiencias casi siempre somos un desastre. Y lo menciono porque desde el principio hubo algo que a mi gente no le quedó muy claro acerca de mi nuevo galán y que yo no supe detectar a tiempo.

Tenía comportamientos extraños, se desaparecía como por arte de magia a ciertas horas del día (y la noche) y sus argumentos no eran del todo claros. Es más, eran bastante rebuscados.

Pero entonces había momentos en los que yo despertaba e intentaba sacudirme la bobada en la que él me tenía inmersa. Eran instantes de lucidez mental en los que le reclamaba por esos comportamientos incomprensibles y las excusas ilógicas que me daba.

Acto seguido, venía la reacción agresiva. Se ponía a la defensiva, ya no daría explicaciones porque se estaba enredando en la mentira y terminaría ahorcado. Automáticamente me volteaba la tortilla, se hacía el digno, el ofendido, y de ahí el discurso con ojo encharcado casi a punto de llorar por la ira que le causaba mi desconfianza.

"Que no entendía cómo me atrevía a dudar tanto de él y que si las cosas seguían así era mejor que ya no siguiéramos esta relación, ya que no podía estar con alguien que fuera tan insegura y que en tan poco tiempo de conocernos ya le estuviera armando estos shows".

Hago una pausa para preguntarte algo, ¿has escuchado esto últimamente? ¡Pues ya sabes lo que tienes que hacer! (Uy, perdón, dije que no iba a dar consejos. Sigamos…)

Ahora que la tormenta ha terminado y que todo esto es parte del pasado, asumo mi responsabilidad. Es que no hay gente engañada, sino gente que se deja engañar. Digamos que el primer cuerno puede ser responsabilidad de ambos, y es bueno entrar a analizar en qué fallamos y qué se puede mejorar. Es una relación de pareja y los cuernos en ocasiones tienen su por qué. Pero de ahí en adelante los próximos que lleguen son alcahuetería, y pendejada de uno por seguir ahí.

Aquí tengo que hacer una salvedad. Si se va a perdonar una infidelidad tomando la decisión como adultos responsables, dispuestos a seguir adelante dándose una oportunidad, entonces borrón y cuenta nueva. Pero no se debe aprovechar cada discusión, que aunque no tenga nada que ver con el cuerno es la excusa perfecta para sacar la cuenta de cobro y empezar de nuevo a pasar factura con los más altos intereses. (Puro complejo de entidad bancaria). Si decide perdonar, hágalo de corazón, y si no es capaz de superarlo, entonces sepárese, déjelo, viva y deje vivir.

Creo que existen dos tipos de cuernos: el que le ponen a uno una vez y que quizás fue "sin querer queriendo" y está el cuerno que se aloja en nuestra cabeza como visita de suegra. Ese último lo pone el que es infiel por naturaleza y que jura una y otra vez que no lo volverá a hacer, mientras uno jura una y otra vez que no lo volverá a perdonar.

Entiendo perfectamente la piedra que le da a una cuando le dicen que está loca, o que todo es parte de nuestra imaginación y uno busca por todas partes. Revisa el celular, el correo electrónico, intenta varias veces hasta dar con la contraseña del Facebook y en la búsqueda de una prueba de infidelidad se pierde la dignidad.

En el fondo sabía que mentía, que tenía otra(s) relación(es), pero el miedo a quedarme sola no me permitía soltar. Era mejor estar mal acompañada que sola, como si la soledad fuera la peor desgracia. Y como dicen que el que busca encuentra, yo busqué y encontré…, un mensaje de texto en el que alguien le profesaba su amor y él se lo correspondía.

Capítulo 16
La Gran Manzana… de la discordia

Llevábamos ocho meses saliendo y viajamos a Nueva York. Eran las once de la noche aproximadamente y habíamos llegado al hotel después de cenar. Mientras estuvimos en el restaurante salió varias veces a hablar por teléfono.
La duda me estaba matando y al llegar al hotel aproveché que se quedó dormido para mirar su celular. Lo tenía escondido en un bolsillo del pantalón, pero eso no fue un impedimento para que lo encontrara. Me quería morir. Era tanta la angustia que no miré el nombre de la persona que le enviaba el mensaje.
Lo primero que hice fue comenzar a empacar mi maleta. Se despertó y saltó de la cama como una liebre. Yo lloraba mientras le reclamaba por lo que había encontrado. Me persiguió por toda la habitación del hotel para evitar que me fuera.
Mientras tanto, yo llamaba a la aerolínea para adelantar mi vuelo de regreso a Miami y él me contaba una y otra historia acerca de la identidad de su enamorada. "Es una mujer con la que estuve hace

tiempo y me tiene amenazado, me obliga a mandarle mensajes cariñosos". Por supuesto, no le creía ninguna y eso lo fue sacando de quicio. Se fue poniendo cada vez más violento y me arrebató mi celular. Intenté entonces salir de la habitación pero él atravesó un sofá en la puerta para impedírmelo. No me atrevía a gritar ni a hacer ningún escándalo porque en el hotel se alojaba un grupo de personas del medio que estaban en la ciudad convocados para la fiesta anual de una conocida revista.

No podía arriesgarme a que esta situación se hiciera pública. Tenía mucho miedo a las consecuencias que eso podía traerme en mi trabajo. Yo solo quería salir de esa habitación, pasar la noche en otro hotel o en el aeropuerto y regresar a mi casa en el primer vuelo, pero no fue posible.

En un descuido suyo logré escapar pero me alcanzó y en mitad del corredor me agarró del cabello. Me trajo de vuelta a la habitación y me lanzó con fuerza a la cama. Puso sus rodillas en mi cuello para inmovilizarme. Minutos después me soltó, pedía perdón pero nuevamente se enfurecía y me agarraba fuerte por el brazo. Él sabía lo importante que era mi trabajo, y que no lo iba a poner en riesgo gritando ni armando un escándalo. Pasaron las horas y nada avanzaba hasta que tomó mi computadora y amenazó con estrellarla contra el piso si me iba y lo dejaba. Cuando vio mi reacción, supo cuál era mi talón de Aquiles.

Ya había amanecido y luego de varios forcejeos, discusiones, mentiras, llanto, insultos y amenazas me dijo que si me daba la gana me fuera pero que él se quedaba con mi computadora y que me iba a arrepentir de lo que estaba haciendo.

Como pude salí de ahí. No sabía qué hacer ni dónde dirigirme. De pronto me vi en mitad de la calle, con poco dinero, una maleta roja de charol -bien discreta-, llamando a un par de amigas para contarles lo que había pasado. La noche había sido eterna y ahora todo pasaba tan rápido que mi cabeza entró en un estado de aturdimiento similar al que te provocan las luces, pantallas, ruido y corre corre del Times Square donde seguía paralizada sin saber qué camino tomar, ni a quien más llamar.

La única persona a la que conocía era un amigo de él. Inmediatamente me ofreció su ayuda. Fui a verlo a un bar donde trabajaba para que me entregara las llaves de su casa. Me advirtió dos cosas cuando llegué -arrastrando la maleta roja-. Una fue que su amigo no podía saber que él me estaba hospedando esa noche en su casa, y la otra que me tenía que alejar inmediatamente de Julio, porque lo que su amigo acababa de hacer era inaceptable.

Pasé la noche en su casa pensando qué iba a hacer a partir de ese momento. No sabía si denunciarlo o llamarlo nuevamente para que me regresara la computadora. Ya le había enviado un mensaje y su respuesta fue: "No te entrego nada. La cagaste bien cabrón".

A la mañana siguiente, una de mis mejores amigas, impotente por lo que pasaba, al no poder hacer nada por mí en ese momento, me dijo que no lo pensara dos veces, que me fuera al aeropuerto y buscara un policía, le mostrara las marcas que habían quedado en mi cuerpo y le pusiera una orden de alejamiento.

Fue exactamente lo que hice. Tuve que contar la historia una y otra vez a cada agente que se iba uniendo al caso. Me llevaron a un cuarto privado con una mujer policía para que me desnudara y tomara fotos de los moretones que tenía en el cuerpo. Luego me subieron a una patrulla camino a la estación de policía de Manhattan. Sigo sin entender por qué conducían a alta velocidad y con las sirenas de carro encendidas. No se trataba de una emergencia. Puse oficialmente la denuncia y me pidieron que lo llamara con la excusa de pedirle la computadora pero que no le dijera dónde estaba ni cuáles eran los cargos.

No contestó ninguna de las llamadas hasta que el teniente que estaba al frente del caso le mandó un mensaje. "Soy el teniente fulano de la estación de policía de Manhattan, comuníquese a este número de teléfono …" Llamó inmediatamente, él también tenía su talón de Aquiles.

"Mi amor, me estás haciendo esto por una computadora. Te la entrego y ya, no ha pasado nada", me dijo cuando el agente me lo puso al teléfono.

Le insistieron que se presentara lo antes posible y llegó a los veinte minutos.

No le permitieron verme, me tenían en un cuarto mientras él llegaba, entregaba la computadora y entonces le leyeron los cargos: "Violencia doméstica, secuestro y robo".

Salió bajo fianza luego de cuatro días preso. La noticia se regó como pólvora. Él tenía que haber estado en Miami dos días antes para presentarse en la final de un concurso de televisión al que nunca llegó. Desde la cárcel se comunicó con su gente, quienes muy sorprendidos, no podían creer que yo "lo había metido preso simplemente por una computadora".

Capítulo 17
Con vergüenza, sinvergüenza

Cuando llegué a Miami puse una orden de alejamiento, pero poco duró. La primera vez que nos enfrentamos en la corte, la abogada que me representaba estuvo con él a solas por unos minutos y cuando salíamos de ahí me dijo: "Dice Julio que te ama con cojones". Sí, así bien bonito y romántico fue su mensaje, pero surgió efecto de inmediato.

Días después, a través de una buena amiga suya nos reunimos en una oficina en medio del más completo secreto, ya que si nos sorprendían íbamos a tener consecuencias legales todos. En Estados Unidos, se supone que cuando alguien hace este tipo de acusaciones y solicita una orden de restricción no puede tener ningún contacto. Ni por *emails*, ni por teléfono y tampoco por medio de terceras personas.

Así que los tres estábamos mal de la cabeza y no medimos las consecuencias de aquel acto.

Al verlo inmediatamente me derretí de "amor". Él hizo y dijo todo lo que yo quería escuchar. Esas cosas que tanto necesitamos las personas que sufrimos de la enfermedad que yo tenía. Precisaba que reforzara mi seguridad, que me demostrara amor, arrepentimiento, deseos de estar conmigo y todas esas mentiras que preferimos escuchar para no enfrentar la verdad y él cumplió a cabalidad con todo eso. Además, ese hombre "me amaba con cojones".

Tiempo después retiré la orden en su contra, además de los cargos que tenía en Nueva York y su récord quedó intacto.

La que quedó marcada por mucho tiempo fui yo.

Una amiga me había puesto en contacto con una jueza especializada en casos de familia para que le contara mi historia y especialmente mis intenciones de retirar los cargos en su contra. Ella, visiblemente molesta, me dijo que los hombres seguían maltratando mujeres por cosas como la que yo estaba a punto de hacer. Que al retirarle los cargos, le estaba dando vía libre para que lo hiciera de nuevo y quizás no conmigo pero sí con otra mujer.

No hice caso, a pesar de que ella muy amablemente se ofreció a ayudarme en lo que necesitara y se puso a mi disposición. Yo la rechacé y jamás volví a marcar su teléfono. Es que en ese momento ella no me servía, no me gustaba, no me decía lo que yo quería escuchar, no alimentaba mis esperanzas de cambio por parte de él, no me engañaba con ilusiones falsas de que dándole una oportunidad él cambiaría. En otras palabras, ella estaba en el bando contrario y había que sacarla de mi camino. ¡Claro, porque para ese momento yo estaba decidida a volver con él!

Es que realmente a la jueza la llamé solo por vergüenza con mi amiga y para que ella sintiera que yo estaba fuerte, decidida y no sospechara de la decisión que estaba a punto de tomar. Se imaginarán mi angustia constante mientras disfrutaba feliz de esos días con Julio, a escondidas de todo el mundo, días que se volvían una pesadilla, cuando pensaba que en algún momento tendría que salir a contarle a mis amigos y familiares que había decidido darle una oportunidad.

Durábamos días encerrados en mi casa o buscábamos otros sitios, donde irnos a pasar los fines de semana para ocultar nuestro tórrido romance.

Otro de los comportamientos que muestran las personas involucradas en una relación tóxica es que le mienten a sus familiares y amigos. Se alejan de los que no muestran simpatía por su pareja o la relación, y se van quedando en una soledad que hace más fuerte al maltratador porque tiene más espacio para manipular.

Me las arreglé para enfrentar a mi gente y la estrategia que usé fue asistir con Julio a unos retiros espirituales que organizaban los padres de una amiga y a los que él estaba absolutamente dispuesto a asistir.

Los retiros los teníamos que hacer por separado. Primero iría yo un fin de semana y al próximo iría él. Estuve todo el fin de semana compartiendo con otras mujeres que estaban pasando por situaciones similares y otras peores que la mía.

En ese retiro oramos, cantamos, lloramos y cuando terminamos, salí de ese lugar con tanta fuerza interior y tan renovada que me sentía capaz de enfrentar y superar todos los obstáculos que se me atravesaran.

El retiro era de viernes a domingo y ese día de clausura llegaban los familiares y amigos de los que lo habíamos hecho (es así como funciona) y para ese momento yo, que estaba quedándome sin amigos, a las únicas personas que esperaba eran a él y a mi tía.

Recuerdo que llegó tardísimo. Me dijo que había estado con sus hijos y por eso se había atrasado. Meses después me enteré que mientras yo estaba encerrada en mi "retiro", él aprovechó para hacerle un "depósito" a la mamá de sus hijos, con la que siempre mantuvo una relación igual de tóxica y de la cual yo tuve conocimiento muchos meses después.

Cuando nos conocimos me dijo que llevaba ocho años divorciado, pero que tenía una relación muy cordial con la madre de sus hijos -tan cordial que tiraban de vez en cuando-, y que no pasaba un día sin que fuera a buscarlos al colegio porque para él esos niños eran lo más importante en la vida.

Todo era mentira. No solo seguían casados, sino que cada vez que él notaba que ella empezaba a superar los engaños y traiciones que también le perdonó por mucho tiempo, él regresaba y la convencía de seguir juntos, ya fuera con regalos costosos como bolsos de miles de dólares, zapatos, viajes a los parques de Disney, mostrando interés por ver sus hijos, etcétera, y cada vez que conseguía que ella le abriera de nuevo los brazos, él se sentía seguro y salía a cazar una nueva presa o a darle mantenimiento a las que ya tenía (yo era una de ellas).

Y llegó su momento, el fin de semana del retiro de hombres. El que yo esperaba con ansias para tener la carta de presentación ante mis amigos. El pase que abriría las puertas de su perdón y comprensión. Con eso esperaba recibir de nuevo su apoyo y no tendría que seguir escondiéndome de nadie. Ese hombre estaba decidido a todo, incluso a ir a un retiro espiritual por un fin de semana. Era una clara muestra de lo mucho que me quería y deseaba salvar nuestra relación, y yo estaba segura que con eso mis amigos mejorarían el concepto que tenían de él. Ya no tendríamos que escondernos los fines de semana y podríamos ser una pareja normal, compartiendo públicamente nuestro "bello y puro amor".

Cuando llegó el día de la clausura fui a buscarlo tan feliz y todavía con la fortaleza de mi retiro el fin de semana anterior. Ahora que lo pienso, creo que lo que me tenía tan animada era que ese fin de semana mientras él estaba encerrado, yo tenía la seguridad de saber dónde estaba y con quién.

Esa felicidad duró muy poco cuando el padre de mi amiga, líder del retiro, me dijo que mi enamorado no había querido entregar su teléfono celular, condición primordial para los que deciden internarse el fin de semana para conectarse con Dios y desconectarse del resto del mundo.

El estómago se me revolvió, el corazón quería salírseme del pecho. Nuevamente me llené de incertidumbre. Me preguntaba, ¿por qué no había querido dejar su celular?, ¿qué era lo que tanto tenía que ocultar?

Cuando le reclamé, la excusa nuevamente fue la misma: "No puedo desconectarme por mis hijos".

Ahora que sus hijos están grandes y son mayores de edad me pregunto, ¿a quién estará usando para esconder sus mentiras? O quizás ya se haya ajuiciado y no mienta. ¡Ojalá!

Aquí hago una pausa para preguntarte: ¿Esto no te parece familiar? Que en el fondo tú sabes que ese hombre está mintiendo, pero deseas con todo tu corazón que te salga con una muy buena explicación, que te anime a seguir creyendo en él.

Pero cuando la miel de la reconciliación va cambiando de sabor, llega la amargura de la angustia y la rabia, que te poseen porque sabes perfectamente que te están mintiendo, que estás siendo cómplice de un engaño a ti misma. Te estás traicionando porque prefieres seguir creyendo y luego te arrepientes. Vienen nuevamente las discusiones, los reclamos y entonces le recuerdas todas las embarradas que le has perdonado, y lo único que logras con eso es construir un círculo vicioso que le ayuda a él a conocer mejor tus debilidades y utilizar las armas perfectas para subirte al cielo cada vez que te necesita bien lejos de la tierra, donde él sale a la conquista sin la menor preocupación.

¿Sabes por qué? Porque cada vez tiene que esforzarse menos en buscar excusas y mentiras, no tiene necesidad porque sabe que tú estás dispuesta a creerle todo. Los novios infieles son como Wikipedia, que ya se sabe que no son nada confiables, pero uno les sigue creyendo todo lo que dicen.

Sí, amigas, lamento decirles que no necesariamente el que hace retiros espirituales o demuestra una voluntad de cambio es porque está decidido a hacerlo. Están los que quieren pero no pueden, y están los que no quieren ni pueden, pero saben bien lo que nos hace felices y así como quien engaña a un niño con un caramelo nos endulzan para tenernos tranquilas por un tiempo.

Uno se engaña con el cuento aquel de que ellos pueden tener a la mujer que quieran y que si están con una es porque realmente le aman.

¡Error! Lo que aprendí con esta relación fue que ellos también están enfermos y que son más inseguros que una. Tal es así que necesitan tener varias mujeres en remojo por si se les va una, ahí tienen a la otra.

Yo sé que muchos de los amigos en común no me lo decían directamente para no ofenderme, pero su conclusión era que si él podía tener mujeres hermosas y con cuerpazos, qué necesidad tenía de mentir para conservarme a su lado.

¿También te suena familiar?

De hecho, que la pareja sea la que le diga eso a uno es otra manera de agresión.

Ese tipo de parejas no sueltan a ninguna de las que tiene porque eso -para ellos- es una clara muestra de debilidad, de pérdida de poder. El abusador necesita estar seguro de que tiene el control de todo y eso por supuesto incluye a su pareja. Y sí, aunque puedan tener a su lado a Miss Universo, ellos no pueden aceptar ser abandonados por "Miss Cuarenta".

Las personas tienen derecho a segundas oportunidades y no digo que no cambien. Pero un hombre al que le perdonas que te maltrate la primera vez lo seguirá haciendo siempre. Los hombres violentos que te agreden física, verbal y/o psicológicamente necesitan de un proceso muy largo y complejo para lograr que cambien y las estadísticas no son muy alentadoras. Los porcentajes de casos de éxito son bajos.

Además, el cambio no lo harán necesariamente por alguien más, ni porque se lo pidas o se lo exijas. Lo harán el día que tomen la decisión por ellos mismos.

Otro de mis psicólogos que jamás creyó en la buena voluntad de cambio de Julio me dijo un día: "Si él está cambiando por ti, entonces ese cambio no es auténtico. Él hará lo que tú esperas que haga, se convertirá en lo que tú esperas de él. Los cambios no se hacen por agradar al otro, sino por agradarse a uno mismo".

Una de las marañas que usan este tipo de personas consiste en provocar discusiones, peleas, crisis y entre más fuertes, mejor, ya que es la excusa perfecta para desaparecerse y poder hacer de las suyas. Una de esas despedidas la viví llegando de grabar *¿Quién tiene la razón?* Estábamos pasando por unos momentos muy difíciles porque yo, una vez más, sentía que él andaba con otra mujer y en lugar de dejarlo, seguía ahí pegada como una garrapata, pero con una actitud fría y distante. En la tarde le escribí proponiéndole que al llegar a casa nos viéramos para conversar.

Cuando llegué lo llamé y le dije que estaba esperándolo en casa, que había comprado una botella de vino para que conversáramos y buscáramos alguna solución a nuestra crisis. Él nunca vivió conmigo oficialmente, aunque tenía mucha de su ropa en mi casa y digamos que vivía ahí de manera parcial.

"Yo no voy a ir, yo me fui de la casa"

"¿Cómo así que te fuiste?", le dije mientras me corría un frío por todo el cuerpo.

"Sí, me fui", fue lo único que dijo y colgó.

Salí corriendo a la habitación y vi que su ropa estaba en el clóset. Se estaba yendo, pero temporalmente. Lo que estaba era tomándose unas vacaciones de nuestra relación, porque tenía descuidada la otra.

¿Saben qué es lo peor? Que me sentí aliviada. Sabía que iba a regresar porque si la ropa seguía ahí, la ruptura no era definitiva. ¡Sí, ya sé lo que están pensando, "¡que pendeja!" Yo ahora pienso lo mismo, pero créanme que sólo lo entiende el que lo ha vivido.

Si sigo compartiendo todos los episodios que viví durante los casi cuatro años que duró la relación tendría que escribir otro libro. Poco a poco todo fue mejorando para mí a medida que comencé a recibir ayuda. Visité diferentes profesionales, no me quedé con uno solo. Si me recomendaban a alguien, yo iba e intentaba sacar lo mejor. Si no me sentía cómoda o consideraba que ahí ya no progresaría más en mi sanación, entonces recurría a otra persona. Incluso, terminé yendo a reuniones de codependientes anónimos.

Esos encuentros eran los lunes en la noche y el sitio donde se llevaban a cabo quedaba lejos de mi casa, pero yo le apostaba a todo en ese momento con tal de salir del hueco.

Fui a tres reuniones y nunca pude hablar en público.

Me sentía avergonzada, me preguntaba cómo había terminado ahí. De solo intentar decir una palabra me brotaba el llanto y me impedía seguir.

Dejaba el celular en el carro pero cuando salía de la terapia lo primero que hacía era revisarlo para ver si había algún mensaje o llamada de Julio. Lograr desaparecerme de su radar por un par de horas y sin que supiera nada de mí, ni dónde estaba, ni menos que estaba buscando la cura para sacarlo de mi vida me hacía sentir invencible. Claro, hasta que en mi celular tampoco había rastros de él y ahí venía de nuevo mi fortaleza en caída libre.

Curiosamente, no fueron los testimonios de los asistentes los que me ayudaron a sentirme mejor, sino una conversación que tuve con una de esas mujeres que ya llevaba muchos años vinculada al grupo y a la organización que brindaba las terapias. Al terminar, lista para irme a casa, me mencionó que la codependencia era un problema crónico y sin cura, que a esas reuniones yo iba a tener que asistir toda la vida.

Las palabras de esa mujer fueron como una patada en el hígado. Mi reacción fue inmediata y aunque no me curé milagrosamente a partir de ese momento, sí decidí que yo no iba a estar sentenciada a asistir a ese, ni a ningún otro sitio por el resto de mi vida. Que la decisión estaba en mis manos y tenía que tomar nuevamente el control de mi vida. Por allá no me volvieron a ver ni el chispero, pero de esa experiencia agarré lo que consideraba era lo mejor para mí y lo puse en práctica.

A través de la Dra. Nancy Álvarez conocí a una experta en sanación pránica, una técnica que trabaja sobre el campo energético de la persona para restaurar la salud física, emocional, mental y espiritual. Saqué el mejor provecho de esa práctica hasta que con el tiempo sentí la necesidad de dejarla y buscar otras opciones. Es decir, probé cualquier cosa que viera como un instrumento para mi recuperación. Si alguien me recomendaba un libro lo compraba, así como cuando uno quiere perder peso y hace todo lo que le dicen. Mis amigas, con el fin de sacarme del hueco, me invitaban a sus casas, sus iglesias, sus comunidades y a todo tipo de actividades, ya fueran bodas, cumpleaños, *picnic*, *baby showers*, lo que me ayudara a limpiar mi mente y cambiar de ambiente para no pensar más en él. Yo aceptaba todo -o casi todo-, porque mi decisión era sanarme y liberarme de esa relación.

Me angustiaba terriblemente el hecho de que pese a saber que no me convenía, que no era bueno, que no era ni siquiera el hombre de mis sueños, (muchas veces hice la famosa lista de todas las cosas que no soportaba de él y que hasta me avergonzaban), aún así no era capaz de salirme, era como una droga.

Pero como "no hay mal que dure cien años, ni cuerpo que lo resista", ya fortalecida con tanta terapia, (y lo digo en *Miss Cuarenta* aunque la gente crea que es broma, yo creo que soy de las pocas mujeres que ha gastado más dinero en terapeutas que en zapatos), de toda la ayuda que recibí por parte de diferentes profesionales, fui rescatando poco a poco lo que me interesaba, lo que más me servía y con el tiempo, cuando llegó el momento, tomé la decisión definitiva.

Capítulo 18
Y se hizo la luz

Una vez más las cosas venían mal. El frío y los silencios habían regresado a la relación hasta que un día, cuando ya estaba listo para irse a un trabajo que tenía por las tardes, me ofrecí a acompañarlo. Lo dejé en el edificio y quedé en pasar por él a recogerlo en un par de horas con la excusa de que aprovecharía ese rato para visitar unas tiendas que quedaban cerca. Me quedé con su carro con la firme intención de hacer tal requisa exhaustiva, que los agentes de aduana de Nueva York se quedaran en pañales al lado mío.

Me estacioné debajo de un árbol, en una sombrita a dos cuadras de donde lo había dejado. Abrí la puerta del baúl y no hubo rincón de ese carro que no revisara hasta que por fin encontré una tarjeta de amor escrita con una letra preciosa y ortografía impoluta.

Regresé inmediatamente al estacionamiento de su trabajo, saqué de su llavero la llave de mi apartamento, le tomé una foto a la tarjeta y se la envié por mensaje de texto con una nota que decía: "Te dejé el carro en el estacionamiento".

¿Ustedes creen que vale la pena estar en una relación así? Como diría el gran poeta Ricardo Arjona, "tú no estás pa' policía, ni yo para estar huyendo". ¿Cuál es la necesidad de atraparlo, de pillarlo, de demostrarle que no estás loca y que no estás inventando nada de lo que reclamas, que tus dudas estaban bien fundamentadas. ¿Quién gana, quién pierde? Aquí la única que pierde es la que se queda haciendo el papel de detective.

Luego del papelón de dejar su carro en el estacionamiento, llamé a uno de mis buenos amigos, que también había pasado conmigo la época de la demanda en Nueva York y había sufrido la decepción de verme regresar con el musculoso una y otra vez. Sin darle muchas explicaciones, le pedí que pasara a buscarme porque no tenía carro. Salí caminando sin rumbo, a la espera de que mi buen amigo se acercara a donde yo estaba.

Cuando llegó, le conté lo ocurrido y apenas quiso casi opinar. Estaba seguro de que iba a ser una pelea más y que lo volvería a recibir -me lo dijo luego-. Me llevó a su casa para evitar mi enfrentamiento con Julio, quien para ese momento había salido como loco para mi casa a darme explicaciones y negar rotundamente que esa tarjeta fuera suya; pero no me encontró y además, los guardias de seguridad del apartamento tenían instrucciones de no permitirle el ingreso al edificio. Cuando se hizo de noche regresé a mi casa, segura como nunca antes de que la relación había llegado a su fin.

Por recomendación de mi amigo, no atendí ninguna llamada de Julio. Tenía que evitar todo tipo de contacto con él porque sabíamos que su tenacidad y mi debilidad harían que terminara por convencerme.

Mientras tanto, otra de esas amigas que nunca se alejó, me decía atinadamente "¿qué más estás esperando para dejarlo? ¿Encontrarlo en la cama con otra? Si eso llegara a pasar, él sería capaz de negarte que se la está tirando y lo peor es que tú le vas a creer".

Intentó por todos los medios que le creyera, se armó hasta los dientes y buscó el apoyo de gente que nunca antes había intercedido por él. Gente que me acusaba de estarlo juzgando mal, que todo era un mal entendido, que esa tarjeta no era de él, que había aparecido ahí sin saber por qué. Incluso llegó a decirme que esa tarjeta se la habían dejado en el parabrisas de su carro, que nunca le prestó atención y la tiró como si fuera basura en el baúl, y que no era la primera vez que le pasaba. Que era muy normal encontrar papelitos de sus seguidoras con mensajes románticos en su carro. O sea, estábamos en presencia del Brad Pitt criollo.

Yo en ese momento todavía estaba muy enferma. Era una codependiente en recuperación con baja autoestima y amor propio, pero no tanto como para creer que una desconocida había dejado una tarjeta en su carro con este mensaje:

"Mi cielo: Te quiero hoy mañana y siempre…porque he aprendido tanto de ti…Respeto, confianza, amor y todo porque eres una persona maravillosa y nada deseo más que compartir plenamente lo que siento porque eres esa persona especial que inesperadamente me llegó al alma y a mi corazón… TE QUIERO, TE ADORO, TE DESEO, TE APRECIO, TE RESPETO, TE EXTRAÑO Y si todos esos "TE" significan amor, entonces también TE AMO.

Sorry por ser una romántica enamorada de un sentimiento tan bonito que provocas en mí.

Mua x 1.000. Feliz jueves".

No, la tarjeta no la guardé pero sí la foto que le envié a una amiga por mensaje de texto y que rescaté cuando escribía este capítulo. En ocasiones pensé conservarla como única evidencia ante sus amigos y familiares de que esto no era parte de mi imaginación, pero hasta eso dejó de importarme. Estaba por fin liberándome de ese infierno, lo demás estaba de más.

Mientras Julio insistía infructuosamente para que volviéramos, me fui con mi amigo y pasamos unas vacaciones inolvidables que me sirvieron para abastecer el alma. Era la primera vez que hacía un viaje tan largo con un amigo y no con una pareja.

Fue como un renacer. Descubrí otra manera de ser feliz, de no depender; mientras él, que es un amante de su soledad y defensor de sus espacios, me daba algunos *tips* para que yo también pudiera lograrlo.

Me decía que empezara por hacer viajes cortos, que tomara mi carro y manejara hasta Naples, -un sitio que está en el Golfo de México a dos horas de Miami-, que alquilara una habitación de hotel por una noche y me regresara al día siguiente. O que quizás, comenzara por ir y regresar el mismo día para que el trauma no fuera muy fuerte. Si también sufres de ese mal, quizás no sea necesario manejar a dos horas de tu casa pero podrías empezar dando pequeños pasos como ir sola a un restaurante a almorzar, al cine, o a una tienda de libros a leer y tomar un café. Adoptar una mascota también ayuda. Ahí sí vale la pena hacer el papel de "rescatadora". Llegué con las pilas puestas después de esa terapia gratuita de mi amigo, y a mi regreso empecé a estudiar actuación, a hacer ejercicio; hice nuevas amistades y empecé a agarrarle mucho cariño a mi soledad, hasta que con el tiempo terminé enamorada de ella. Tan enamorada que ya Julio no tuvo cabida nunca más en mi vida.

Otra de esas frases que me caló el alma y fue definitiva para que me mantuviera fuerte en mi decisión de cambio fue la que me soltó una gran amiga cuando le conté lo sucedido:

"Que encontraras esa tarjeta en su carro ni me extraña ni me preocupa, lo que me entristece es imaginar a mi amiga, la mujer que tanto quiero y admiro, estacionada debajo de un árbol en mitad de la calle requisándole el carro al novio".

Capítulo 19
Amigo el ratón del queso

Quedaba todavía una que otra huella de mi sentimiento por esa relación tan sufrida. Además de un compromiso -que aunque era verbal- yo me sentía en la obligación de cumplir y era el libro que estábamos terminando de escribir.

Ese libro fue la excusa perfecta para juntarnos de nuevo, ahora en calidad de "amigos". Nadie entendía cómo era que en solo un par de meses nosotros pudiéramos sentarnos con tanta naturalidad a trabajar en ese proyecto que ya tenía fecha de entrega, y que nos obligaba a pasar más tiempo juntos. Mientras pude, procuré que la información y los datos que necesitaba de su parte, me los hiciera llegar vía correo electrónico y sentía que cada vez estaba más desconectada de él y que no me afectaba para nada tenerlo cerca, ni para bien ni para mal.

Pero las circunstancias de alguna manera hicieron que poco a poco empezáramos a frecuentarnos ya como buenos amigos. En el fondo, no sé cómo, creía en él y sentía que era auténtica su amistad. Ya la estábamos pasando bien, me hacía reír mucho y hasta me burlaba de él y le decía en su cara que era un mentiroso.

Consulté con uno de mis terapeutas de turno a qué se debía mi actitud y por qué me estaba disfrutando tanto esa amistad con él si lo que debería existir era un sentimiento de rechazo.

La conclusión fue bastante lógica y es que fue tan fuerte el sentimiento de dolor, angustia, desconfianza y miedo durante años, que era una manera inconsciente de sentirme fuerte y dueña de mí. Sin necesidad de decirlo, le enviaba un mensaje a Julio de que ya no podía hacerme daño porque ya su comportamiento no ejercía ningún efecto sobre mí. Julio no sabía, pero me estaba ayudando a superar el luto que él mismo me había provocado, ya que al tenerlo como amigo se estaba diluyendo poco a poco la presencia del hombre por el que algún día me volví loca y llegué a reducirme como ser humano.

Pero a mi terapeuta no le parecía sano desde ningún punto de vista que yo siguiera en ese "juego", porque estaba claro que los sentimientos e intenciones de Julio eran muy diferentes y no quería que me arriesgara a ser víctima otra vez de él, así que lo más recomendable era que me alejara.

No podía tener más razón. Cuando empecé a mostrarme esquiva y a declinar sus invitaciones se puso muy ansioso. Ya en mi edificio otra vez lo estaban dejando pasar como Pedro por su casa. ¡Claro!, la responsabilidad era mía porque ya me habían visto en muy buenos términos con él, hasta que decidí ponerle a todo esto un "hasta aquí".

Resulta que en medio de la emoción por los resultados tan positivos de la venta de su libro y la popularidad que estaba alcanzando, Julio me prometió que iba a darme un porcentaje, ya que la editorial no quiso poner mi nombre como coautora a pesar de que Julio les había enviado un correo electrónico (que aún conservo) en el que les decía que lo más justo era que, ya que yo había ayudado a escribir ese libro, también recibiera crédito.

La respuesta de la editorial fue que eso era muy complicado, que habría que hacer un contrato nuevo, que lo iban a revisar y le avisaban. Nunca lo hicieron o al menos nunca me enteré.

Julio me enviaba todos los correos con las estadísticas, reporte de ventas, lugares en los que se iba a empezar a distribuir el libro y me decía que en cuanto le llegara el pago por las regalías, inmediatamente me daría lo prometido.

Ese día no llegaba y yo sentía que en parte Julio utilizaba lo del libro, el pago, el porcentaje y todo lo demás, para retenerme a su lado. Decidí entonces que había que poner todo esto por escrito y así lo hice. Un abogado amigo redactó un acuerdo de una página, en el que Julio se comprometía a darme el porcentaje prometido. ¡Punto!

Fue algo sencillo, nada complicado de entender, pero eso lo enfureció. Me dijo que no podía creer que yo no confiara en su palabra, que cómo era posible que le estuviera poniendo un abogado. Yo no le estaba poniendo ningún abogado -hasta ese momento-, lo que hice fue pagarle a uno para que redactara ese acuerdo. Supuse que él haría lo propio para que lo revisaran y asunto arreglado, pero no fue así.

Hasta ese día llegó la "amistad", pese a que le expliqué de muy buena manera que era lo mejor para los dos, que entendiera que a mí me habían dado en la cabeza anteriormente, y que ya nosotros no éramos pareja. Lo más normal era que en algún momento comenzara otra relación y poco a poco se iban a diluir las buenas intenciones de darme mi dinero.

Además, le dije que ya era hora de empezar a tener vidas separadas, que esa amistad no nos permitía seguir adelante en nuestra parte personal, porque la gente seguía pensando que estábamos juntos. Pero ese hombre estaba tan molesto que no entendía razones. Fue la última vez que hablamos.

Cosa que pasa muy a menudo entre las parejas o los amigos es que se confían por los lazos que los unen, y a la hora de comenzar un negocio juntos no toman las medidas necesarias para luego evitar malos entendidos o terminar dejando las ganancias en manos de los abogados como nos pasó a Julio y a mí.

Si usted tiene un talento diferente al de su pareja y decide ayudarle desinteresadamente, hágalo; pero si la intención es repartir ganancias económicas producto de esa "ayuda", deje todo por escrito. Como dicen por ahí, "es mejor un mal arreglo que un buen pleito".

Yo cometí el error de no aceptar desde el principio el crédito que él me ofrecía por el libro, y cuando decidí poner el acuerdo por escrito fue muy tarde porque él se negó a hacerlo y la casa editorial ni hablar. Para ese momento, no querían lidiar con más gente. El libro era ya un éxito y si me involucraban en ese negocio se les iba a convertir todo en un arroz con mango.

Sin embargo, cuando planeaban lanzar el segundo libro recibí un email de la agente literaria de Julio ofreciéndome que también lo escribiera yo. En ese mismo email -que aún conservo de recuerdo- ella me decía que esta vez sí se harían las cosas correctamente, y no como con el primero.

Me sentí muy halagada pero no dudé un minuto en decirles que no. Si aceptaba el trabajo tendría que seguir manteniendo una relación cercana con Julio y alargar ese cáncer a punto de morfina. Para mí ese capítulo ya había que cerrarlo.

Luego interpuse una demanda en la que reclamaba mi crédito como autora y las regalías por las ventas (del primer libro, por supuesto) y en muy buenos términos, meses después Julio y su editorial cumplieron con lo acordado.

Sin embargo, hubo momentos de mucha tensión pues de manera innecesaria por mi parte, durante una entrevista para un importante espacio radial en Colombia, y mientras hablaban de mi obra de teatro, al terminar mi intervención mencioné al aire, por sugerencia de mi abogado, que habíamos entablado una demanda.

Ellos, entonces, localizaron a Julio para preguntarle al respecto y él alegó, primero, que yo no había escrito ningún libro; luego, que yo había sido una *ghost writer* y finalmente, que ya me había pagado por eso. Pero la cosa no acabó ahí. Cerró su discurso con broche de oro asegurando que yo estaba despechada, y que estaba reclamaba los derechos sobre el libro porque él me había abandonado.

La reacción de los caballeros que estaban en la cabina no se hizo esperar. Hubo un derrame imparable de testosterona.

Quedé como la cuarentona, solterona, pobretona, sin libro y despechada, ¡qué tal!

Le envié un correo electrónico al periodista reclamándole por su falta de interés en insistir a su invitado, para que explicara las tres diferentes versiones de su historia.

Además, le hice llegar las pruebas que tenía y con las cuales estaba defendiendo mi verdad; pero él se limitó a decir que había escuchado las dos partes.

Pasaron los meses, y cuando al fin pude demostrar que no estaba mintiendo ni peleando por despecho, les hice llegar un comunicado de prensa que emitió la oficina de mi abogado.

Al aire lo leyeron, ofrecieron disculpas porque "se habían portado mal", el periodista bromeó sacando cuentas alegres -irresponsablemente- de la cantidad que me estaba ganando, basándose en el número de libros que supuestamente se habían vendido; mientras se mofaban de mi comportamiento cándido al haber ayudado a Julio con su libro sin firmar ningún documento, "porque el amor es más fuerte que todo… había mucho amor, pero se separaron y el amor ya no fue tan fuerte ahí".

El machismo una vez más se hizo presente. Se estaban divirtiendo con un asunto que tomó tintes de novela rosa con final feliz, y etiquetando a la mujer como la que da ciertos pasos siempre movida por el dolor de una ruptura.

O sea, como si las mujeres no tuviéramos cerebro, solo corazón.

Tres años después de no saber nada de él, entró una llamada de Julio a mi celular. Su voz era pausada -tuvo tres años pa' que se le pasara la piedra-, pero lo sentí honesto. Me pedía que nos viéramos, que necesitábamos hablar.

Solo quería pedir perdón, estaba feliz y en paz con su nueva vida y para seguir adelante necesitaba que yo supiera que no me merecía nada de todo lo malo que me había hecho y se arrepentía de corazón.

Ahí estaba otra vez yo, sentada enfrentando otro "perdón", pero aquí de verdad no tenía ya nada que perdonar. La vida estaba siendo muy generosa dándome regalos. Con qué cara me iba a poner a estar guardando rencores, eso sería un peca'o.

Nuestro encuentro pudo haber durado tres minutos en lo que él pedía perdón y yo le decía que ya lo había perdonado, pero nos quedamos un buen rato poniéndonos al día y aclarando varios asuntos.

Prometió que aunque se quedara sin amigos se iba a encargar de limpiar mi nombre ante ellos, al reconocer que muchas de las cosas horribles que dijo acerca de mí, eran mentira, y que había recurrido a sucias artimañas como cambiar los nombres de los contactos en su celular y poner mensajes trocados para ganarse la aceptación y el respaldo de personas que lo veían como la gran víctima de una bruja, desequilibrada y peligrosa (yo), quien por celos fue capaz de tenerlo amenazado por años con hacerle daño si me abandonaba.

Sé que Julio tiene muchos amigos y demasiado trabajo, y que quizás no tenga tiempo suficiente para hablar con todos ellos tal como lo prometió, así que nunca está de más darle un empujoncito y aquí lo estoy haciendo.

Capítulo 20
Con licencia para soñar

Tal parece que mis desaciertos en las relaciones de pareja han sido compensadas con las decisiones tomadas a nivel profesional. Muchos de los logros que he alcanzado han estado por años en mi imaginación antes de que sucedieran. Desde muy jovencita soñaba con vivir en Estados Unidos. Y desde que llegué a Miami se me iban metiendo ideas a la cabeza que quizás para algunos podrían sonar absurdas y casi imposibles de alcanzar. Por eso empecé a elegir muy bien a esas personas a las que les cuento mis sueños. A los que me han querido despertar bruscamente los he sacado de mi grupo de confianza de la misma manera.

Estoy de acuerdo con que a la gente que uno ama hay que ayudarle a poner los pies en la tierra cuando ve que sus ilusiones comienzan a alejarlos de la realidad. Soy de las que mete la cucharada cuando noto que algún amigo o familiar cercano está a punto de tomar una decisión que considero no será beneficiosa. Pero a nadie se le puede prohibir soñar.

Intento alejarme inmediatamente de la gente negativa que siempre tiene un "pero" y son fuertes saboteadores de su prosperidad, de la suya y del que tenga al lado.

No lo hacen por envidia o porque no te quieran, sino por su miedo permanente, y como ellos no se atreven a intentarlo, piensan que uno tampoco debería.

Yo tengo mi grupito, a los que consulto y participo de decisiones importantes que han sido definitivas en mi carrera. Ellos saben quiénes son.

Y no es que pensar positivo sea la fórmula ganadora para cualquier proyecto. Si fuera así no saldría nadie a trabajar y nos quedaríamos todos en la casa pegando papelitos con frases positivas en las paredes.

A ver, no quiero pecar de pretenciosa y contarles esto como si mi vida transcurriera en la Isla de la Fantasía. A lo que me refiero es a que cada cual tiene sus sueños y estos -grandes o pequeños, depende de cómo se miren- han sido los míos.

A mí me ha funcionado y quizás sea pura casualidad, pero donde he puesto el ojo, he puesto la bala. Claro, luego de años y mucho esfuerzo, afortunadamente.

Llegaba a Miami con la idea de entrar a los medios de comunicación en algún momento, pero para eso había que escuchar mucha radio y empaparme de lo que pasaba a nivel local, quiénes eran los locutores, cuáles eran las estaciones donde quizás había mejores oportunidades para mí.

La primera vez que pisé *Radio Caracol* fue porque a través de mi tía -como todo lo mío en esa época- había conocido un señor caleño que bailaba muy bien la salsa y estaba buscando una compañera de baile para presentarse en el "Festival Independencia de Colombia". Así que fuimos a la radio para que nos entrevistaran y promovieran la asistencia de los colombianos al festival.

Para esos días me apuntaba a todo y si tenía que ver con espectáculos donde llegara público, aún mejor. Nunca he sido muy buena bailarina que digamos, pero el caleño me dijo que me dejara llevar, que él se encargaba de dirigirme en la tarima, que cero estrés. Me vistieron con un vestido rojo corto, zapatitos de tacón y súbase al escenario mamita a bailar un *bogaloo*.

Cuando me bajé de allá supe que era la última vez que hacía una vaina de esas. Es que tampoco era lo mío. Ahí me di cuenta que tenía más ritmo una gotera. Pero esa nueva experiencia venía con su ganancia debajo del brazo y fue la visita a *Radio Caracol*. Me fascinó la cabina toda de vidrio ubicada en el primer piso de la calle Coral Way. Mientras los locutores estaban trabajando, la gente que pasaba por allí podía verlos desde afuera y eso me parecía tan bonito y particular..., aunque siempre bromeábamos diciendo que parecíamos empanadas en una vitrina. Salí de ahí con la plena seguridad de que la próxima vez que volviera a esos estudios iba a ser una de esas "empanadas". Cinco años después, estaba firmando mi contrato.

Fueron muchos los amigos que hice mientras estuve en *Radio Caracol*, uno de ellos fue este chileno al que me presentaron como una gran celebridad en su país. Yo no lo conocía. Era guapo, talentoso, compositor, cantante, presentador de radio y TV, y como si fuera poco, más buena gente que el carajo. Llevaba un tiempo en Miami y lo trajeron para que hiciera un segmento de entretenimiento. Él se atravesaba la ciudad para estar al aire con nosotros cinco minutos. También andaba en el rebusque como yo. Su esposa estaba embarazada de su segunda hija, ya con la esperanza un poco perdida en el tránsito caótico de Miami y las oportunidades que no terminaban de llegar, a punto de tirar la toalla y regresarse a su país donde seguía gozando de gran popularidad y tranquilidad económica. Cuando estaba decidido a dejar Miami llegó la llamada para presentar *Escándalo TV* y mi amigo Felipe Viel, al lado de Charytín Goyco y Marisa del Portillo, comenzó uno de los proyectos que recuerdo con más cariño.

Lo vi desde el primer día que salió al aire. Creo que dos veces a la semana llamaba a Felipe para darle mi opinión y una que otra recomendación. El show me encantaba y siempre se lo manifesté. Él es muy abierto a la crítica, le gusta saber en qué puede mejorar. No ha dejado de ser así.

Pero un día me desperté con la idea de que ese amor por *Escándalo TV* tenía que dejar de ser platónico y tomé cartas en el asunto.

Hablé con Erwin Pérez, un buen amigo que para ese entonces era mi publicista -no ha dejado de ser mi amigo- y le dije que me moría de ganas de estar en ese show, que me ayudara a buscar la manera de entrar.

Ustedes pensarán por qué no se lo pedí a Felipe que ya estaba adentro. Bueno, pues si no lo estaban pensando, igual se los voy a decir. No recurrí a Felipe porque no me pareció oportuno. Porque no sabía si con eso lo ponía en una situación incómoda. Yo era consciente de lo mucho que le había costado llegar ahí, que no había sido nada fácil y no quería atormentarlo pidiéndole que me ayudara a abrirme un campito en su nuevo trabajo. Yo no sabía cuál era su nivel de confianza con los jefes como para recomendarme, así que busqué por otro lado.

Erwin me tenía excelentes noticias. Conocía bien a Luz María Doria, la nueva productora ejecutiva del show. Una colombiana muy querida. Le iba a escribir hablándole de mí y posteriormente me iba a dar su correo electrónico para que yo le pidiera una cita.

Pero eso sí, hasta ahí llegaba él. En cuanto me sentara en la oficina de esa ocupada mujer tenía que aprovechar el ratico y sin respirar mostrarle todo lo que yo le podía aportar a su show.

Luz María contestó mi correo para darme la cita. Salí como loca a llamar a Felipe para contarle lo sucedido. Se puso feliz por mí y quedamos en que a la hora que estuviera con su jefa en la oficina él iba a pasar por ahí muy casual para meter la cucharada y darme un empujoncito. Mencionaría que habíamos trabajado juntos en *Radio Caracol* y que yo podría ser de gran ayuda para *Escándalo TV*. Las puertas de las oficinas en aquel edificio eran de vidrio. Eso facilitaba husmear un poco cuando los jefes estaban reunidos con alguien. Felipe pensaba aprovechar la situación.

Llegó el día de la entrevista y yo llegué con mi carpeta llena de libretos que tenía escritos para los dos programas de radio en los que había trabajado. Ella ni los miró, porque desde que entré a su oficina no paramos de hablar. No pidió pruebas de nada, a ella lo que la tenía sorprendida era que en esa misma semana ya dos personas le habían hablado de mí y "casualmente" yo aparecí de la nada en un correo electrónico, pidiéndole una cita. Ella, que siempre ha creído mucho en el destino -y eso que aún no era *La mujer de mis sueños*-, decidió darme la cita inmediatamente.

Pues resulta que no solo Erwin le había hablado de mí, sino también su esposo que era oyente de *De regreso a casa* y le gustaba mi trabajo. Ella sabía que mi nombre le sonaba pero no sabía de dónde. Imagínense, de casi nadie, del señor con el que lleva durmiendo veinte años. De haber sabido eso me hubiera evitado tanto montaje.

"¡Qué casualidad, Paula Arcila, esta semana ya dos personas me han hablado de ti!", me dijo Luzma.

¡No era casualidad!, yo había movido cielo y tierra para que eso pasara. Únicamente faltaba la cerecita para el pastel. Felipe y su aparición casual por la oficina de la jefa. Su actuación fue merecedora de un Premio Oscar. Miró hacia la oficina como si no supiera que yo estaba ahí. Al verme se sorprendió, interrumpió la reunión para entrar a saludar y muy complacido de que estuviera por esos lados, darle a Luzma las mejores recomendaciones mías.

Ese día salí de esa oficina con una amiga más y la promesa de una llamada para comenzar a escribir para ellos desde mi casa, porque en ese momento no había nada fijo. La llamada llegó meses después y entré oficialmente a ser productora y libretista de humor de *Escándalo TV*.

Llevaba solo cuatro meses en mi nuevo trabajo y entró una llamada a mi celular de un señor argentino jefe de programación de las cuatro emisoras de *Univision Radio* en Miami. Quería hacerme una entrevista y un casting para *El desayuno musical*. Roxana

García, quien llevaba tres años en el show dando el reporte del tránsito, combinaba ese trabajo con su participación en las tardes junto a José Antonio Álvarez. Habían comenzado un experimento junto a Raúl González, que terminó siendo una mancuerna perfecta en *Tardes calientes*. Raúl se fue para *Despierta América* y Roxana comenzaba a ganar terreno en la tarde. Había que buscar a alguien urgentemente para sustituirla en las mañanas ya que el show de la tarde estaba agarrando cada vez más fuerza, su química con José Antonio era indiscutible y no tenía sentido que ella estuviera en ambos horarios.

Ese señor argentino tenía mi contacto porque cuando fui invitada a *Los Fonomemecos*, a uno de sus productores -Manny Lara- le había gustado mi trabajo. Le gustó todo el desorden que armé ese día con las parodias y los personajes que imitaba. Me pidió el contacto y le di mi tarjeta con número de teléfono y correo electrónico. No estaba yo tan equivocada con lo de las imitaciones, en ese momento no había ninguna locutora en Miami haciéndolo, y eso fue lo que ayudó para que me destacara. ¿Pero saben qué? De ese episodio de *Los Fonomemecos*, el productor y la tarjeta que le di con mi contacto telefónico, habían pasado dos años. Ya ni me acordaba de eso. Recuerdo que después de que salí al aire con ellos, al ver su reacción tan positiva me quedó la ilusión y una remota esperanza de que me dejarían como la parte femenina de ese programa.

Esperanza que se desvaneció muy pronto porque con toda la honestidad del caso rápidamente me dijeron que me sacara la idea de la cabeza. No existía la más remota posibilidad de que sucediera -a ver, no usaron esas palabras exactamente, pero me fascina contarlo así, déjenme-. Por eso me sorprendió más aún cuando supe que Manny Lara había conservado por tanto tiempo esa tarjeta. Aquí la cosa fue completamente diferente de mi llegada a *Escándalo TV*. Lo tomé como un regalito extra que la vida me estaba dando por todo el rollo que había armado anteriormente. ¿Qué tal? Yo haciéndole la fuerza para que me llevaran a ser la tercera en el dúo de *Los Fonomemecos*, y resulta que el plan de vida era otro, que el trío lo hiciera con Javier y Osvaldo. Esos dos personajes a los que escuché y seguí desde siempre.

Y es que cuando estaba recién desempacada de Colombia comencé a explorar en las emisoras en FM, en búsqueda de un programa de radio que me gustara para escuchar mientras iba en el carro. No existía la radio por Internet, ni el *streaming*, ni ninguno de todos esos adelantos que nos permiten conectarnos con el mundo. Después de mucho probar, había descubierto un programa de radio en FM que me gustaba y que era el que más escuchaba cuando madrugaba. Ese programa era *El desayuno musical*. Me parecía entretenido. Javier y Osvaldo tenían personalidades muy diferentes. Javier siempre tan puesto, tan correcto, mientras Osvaldo le sacaba provecho a todas las equivocaciones que cometía al aire y me parecía muy gracioso. Incluso ahí me hacía reír más que cuando contaba los chistes. Además, me impresionaba que siempre tuvieran un artista famoso en la cabina.

Pues andaba tan enganchada como oyente del programa, que le pedí a mi tía que me llevara una vez a un sitio donde Osvaldo Vega contaba chistes, con la falsa idea de que quizás no solo podría conocer a Osvaldo sino también a Javier Romero. O sea, como un *happy hour* o un dos por uno. Es que uno cree que la gente que trabaja en radio y televisión anda junta también en los tiempos libres.

Llegar a trabajar con ellos algún día era uno de esos sueños que consideras absolutamente inalcanzables, y por supuesto, mi vinculación al show la veía mucho más compleja. Ocho años después de vivir en Miami, cuando menos lo esperaba, llegó la oportunidad de unirme a las mañanas con mis dos cubanos.

El combo venía completo, no podía ser más grande la dicha y cuando me fui para *El desayuno musical* pude seguir escribiendo los libretos para *Escándalo TV*, donde tras cuatro meses de trabajar, ya había hecho buenas amistades. Pasaron los años y siguen ahí. Cada cierto tiempo hacemos nuestro *get together* y las horas pasan volando. Nos vemos, comemos, tomamos vino y nos ponemos al día con pelos y señales de lo que pasa en la industria -más que en nuestra vida personal-, para eso tenemos nuestro grupo en Whatsapp y aunque las obligaciones diarias no nos permiten vernos tanto como quisiéramos puedo decir que de mi paso por *Telefutura – Unimás*, ese grupo fue lo mejor que me quedó.

Jefas, madres, relaciones públicas, productoras, altas ejecutivas, periodistas, expertos en redes sociales, y otro montón de oficios que quedan valiendo tres pepinos cuando nos reunimos, porque terminan opacados por el más importante de los títulos. ¡Amigos, mis amigos!

Uno de los primeros artistas que conocí trabajando en la radio fue a Juanes. Estaba emocionada como una niña esperando a Santa Claus. No dormí la noche anterior.

En la mañana, llegué a la radio con una cara de felicidad y cansancio evidentes. Me puse mi camiseta de la fundación de Juanes *Mi sangre*. Era blanca con letras del mismo negro de mis ojeras que decían "Tengo la camisa blanca por la paz de Colombia". Así fue como recibí a uno de mis artistas favoritos, además colombiano y paisa. Razones suficientes para recordar esa visita en particular.

Capítulo 21
Se cerró una puerta, pero se abrió el telón

Ya llevaba varios años en *El desayuno musical* y la exposición que tenía al aire hacía que empezaran a invitarme a programas de televisión para sus segmentos. Una de esas invitaciones fue para participar en *¿Quién tiene la razón?*
La primera vez que estuve ahí me intimidé frente a la Doctora Nancy. Casi ni hablé de los nervios que tenía, no me atrevía a interrumpir, no conocía bien la mecánica del programa.
Sin embargo, me siguieron invitando y poco a poco nuestra relación de amistad se afianzó y eso hizo que cada día tuviera más valor para mí el paso por ese programa.
¿Quién tiene la razón? no era donde quería permanecer porque, entre otras cosas, debido al formato no podía desarrollar allí todo lo que pretendía. No estaba en la línea de lo que realmente deseaba. Pero era como ir a terapia todos los días y gratis. Además, sabía que era la oportunidad para llegar a millones de personas en el mundo. El programa se ha

retransmitido en muchos países: Venezuela, Colombia, Argentina, El Salvador, España, Canadá, Puerto Rico, República Dominicana, por mencionar solo algunos. De hecho, siguen pasando episodios repetidos en muchos de esos países y aún recibo mensajes de cientos de personas por redes sociales. Mucha gente no sabe que el programa se dejó de grabar hace años y a veces no entienden la diferencia de lo que ven en la tele con lo que ven en esas mismas plataformas.

Recibo cientos de mensajes privados en los que me piden ayuda o consejos por alguna situación personal por la que están atravesando. Intento contestar con la mayor honestidad. No soy terapeuta, no soy psicóloga, no estoy en condiciones de dar consejos. Lo único que hago en esos casos es recomendar que busquen ayuda. Por supuesto que siento impotencia cuando uno de los casos que me exponen tiene que ver con algo que yo también viví, y quisiera decirles: "Sal corriendo rápido de ahí", pero no puedo.

Es que de la misma manera que crece tu popularidad, crece también tu responsabilidad con el público.

Terminaron las grabaciones de *¿Quién tiene la razón?* y fueron días tristes por todo el tiempo que estuvimos al aire. También fue difícil para mí por el tiempo que compartía con la Dra. Nancy y que ya no sería posible.

Las grabaciones eran todas las tardes, de lunes a viernes, dos semanas al mes. Llegábamos a los estudios a las doce del mediodía y en ocasiones terminábamos a las siete de la noche. Era agotador para mí, porque tenía que combinar eso con el programa de radio de seis a diez de la mañana.

Pero como por arte de magia, mientras por un lado se acababa este proyecto, así mismo comenzaban a aparecer otros.

En un viaje a Nueva York tuve que compartir carro desde el aeropuerto al hotel con Raúl González, quien en ese momento, además de ser presentador en *Despierta América*, era productor ejecutivo de uno de los proyectos más ambiciosos que se han hecho en Miami: *Los monólogos de la vagina*.

Junto a Manuel Mendoza revolucionaron Miami y montaron en el escenario a un grupo de mujeres increíblemente talentosas en el Teatro Trail. Aquello fue un éxito.

Cuando lo tuve en ese carro por cuarenta y cinco minutos, le hice la "encerrona" y le dije que yo quería ser parte de aquel elenco, que me llamara para la segunda temporada.

Ya habían pasado dos semanas desde que habían terminado las grabaciones de *¿Quién tiene la razón?*, y me llamó uno de los productores para ofrecerme seguir como archienemiga pero sin la doctora. Ella había decidido no seguir con el proyecto, pero ellos tenían un compromiso que cumplir con algunas cadenas a las que le vendían el programa y debían grabar cierta cantidad de episodios que faltaban.

Entendieron perfectamente mi negativa. No iba a estar cómoda sin ella. Ya para ese entonces no era la doctora, era mi amiga Nancy y honestamente no me veía ahí sin la doctora y sin mi amiga.

Dos días después, el que me llamaba era Raúl González, para darme la noticia y la bienvenida a bordo. Tenía todo el tiempo y la disponibilidad para aprenderme los textos y ensayar. Fue entonces con *Los monólogos de la vagina* que perdí mi virginidad teatral. El elenco estaba conformado por Adamari López, Alba Roversi, Gledys Ibarra, Roxana García, Martha Picanes y Liliana Rodríguez. Totalmente orgásmico, fue el inicio de una nueva vida.

Fueron pocas funciones, quizás seis, pero me bajé de ese escenario con aires de Barbara Streisand. Estaba feliz con mi nuevo descubrimiento. Sabía que la radio era y seguiría siendo un esposo de toda la vida, al que amaba y respetaba. Pero también sabía que esta nueva experiencia era como un noviecito, quien había llegado a despertar en mí una pasión loca, la cual no había sentido hacía muchos años.

Era esa asignatura que había dejado pendiente cuando estaba casada y mi ex esposo no estuvo de acuerdo con que estuviera en el teatro cuatro fines de semana seguidos, porque nos dañaría la relación. Ahora era la dueña de mi tiempo y mis decisiones.

Comencé a tomar clases de actuación y de reducción de acento con el impulso que me había dejado ese debut. Dos semanas después de haber comenzado mis clases, me volvieron a llamar los mismos productores de teatro. Habían quedado encantados con mi vagina (los monólogos).

Me traían el libreto de "Taxi" para que interpretara a una mujer paisa de Medellín. Las clases de reducción de acento se fueron pa' la porra.

Luz Dary Pérez fue la culpable de que me saliera de mis clases y me subiera nuevamente a las tablas. Ese fue mi personaje junto a Margarita Coego, Rodrigo Vidal, Karlos Anzalotta, Alberto Mateo y Adrián Mas.

Comenzamos la lectura de la obra llenos de inconvenientes y atrasos. Los horarios no coincidían. Cuando uno podía, el otro no. Además, Rodrigo Vidal tuvo que ser intervenido quirúrgicamente cuatro días antes del estreno. Aquello fue tan intenso, que por poco terminamos todos en el hospital. En medio de la vorágine hubo tantas cosas que enfrentar que nos ayudaron a conocernos, unirnos, compenetrarnos y amarnos.

Éramos una familia. Bueno, mejor que una familia. Nunca discutimos, no hubo diferencias, jamás un enfrentamiento. Estábamos tan felices de tenernos que cada momento juntos lo aprovechábamos al máximo. Pasábamos tiempo juntos antes y después de cada función. Para todos fue sin duda un momento importante y definitivo en nuestras vidas personales y profesionales.

Capítulo 22
Del ego y otros demonios

No llevaba ni un año trabajando en *El desayuno musical* de la emisora *Amor 107.5*, el show y la estación de radio número uno de Miami. Aquello era para mí un gran mérito. Me sentía tan feliz y orgullosa por ese nuevo logro en mi carrera. Por supuesto, no perdía oportunidad para hacer uso de los privilegios adquiridos, lo que incluía asistir a cuanto evento me invitaban para comenzar a codearme con todas las personas importantes de la industria de la música, y mencionar en cada fiesta a la que iba que no podía tardarme mucho porque al día siguiente había que madrugar para estar desde tempranito en *El desayuno musical*.

Una de esas fiestas fue la que organizó la estación de radio en el Museo Vizcaya. El artista principal era *el caballero de la salsa* Gilberto Santarrosa; pero antes, a manera de "abre bocas", había una presentación especial de una artista cubana, quien para esos días estaba recibiendo especial apoyo para convertirla en la nueva promesa de la canción.

Muy guapa, con una voz angelical y ya había recibido el empujón por parte de un grande de la música, con quien había grabado su primer sencillo.

Llovía en Miami, el tránsito estaba imposible y Javier Romero anunciaba que llegaría tarde para hacer la presentación de esta nueva artista. Así, la gente que trabajaba con ella en aquella época, me llamó aparte y en un rincón del salón me preguntaron si yo podía presentarla. Les dije que sí, por supuesto, sería un honor para mí.

"¿Pero estás segura de conocer bien su carrera?, no vayas a salir al escenario a hablar babosadas", me advirtieron.

¡Sí! Ese fue el término que usó su publicista, del cual no recuerdo ni el nombre, pero yo con el afán de salir a hacer un buen trabajo y demostrarle que no era ninguna "babosa", decidí hacer caso omiso a su impertinente comentario y me lancé.

Claro que sabía quién era ella, y también su madre y su abuela, glorias de la canción cubana. Le hice una presentación digna, sin "babosadas", pero cuando pedí aplausos para que la artista entrara… ¡nunca lo hizo!

La anuncié nuevamente, y a pesar de los aplausos de la gente ella nunca apareció.

No recuerdo bien qué hice para rellenar aquel momento tan incómodo. Estaba ahí parada en mitad del escenario con trescientas miradas encima. Mi ego salió apachurrado. Quedaba claro que en esta ciudad mi recorrido apenas comenzaba. Claro, eso lo digo ahora, muchos años después, pero en ese momento ni me pasó por la mente.

Me sentí pequeñita y con el poco tiempo que llevaba trabajando en esta empresa radial tuve miedo de cometer alguna falta si decía algo que cayera mal, así que sin más me bajé del escenario, absolutamente avergonzada. Minutos después, llegó Javier, la presentó y por supuesto ella inmediatamente salió, cantó y encantó.

Años después, nos encontramos en un evento del Hospital St Jude, era una caminata en el Parrot Jungle. Nunca había tenido la oportunidad de conocerla personalmente. Tuvimos tan buena química que terminamos haciendo juntas todo el recorrido de la caminata mientras conversábamos. Terminamos hablando de su carrera, de lo bien que le iba en México, donde recibía más apoyo que en Miami, de lo difícil que estaba la industria de la música para ciertos artistas, en fin. Ese día, después de caminar casi dos millas y sudar la gota gorda confirmé que la decisión de no salir a cantar aquel día no había sido de ella, y no fue que me lo dijera, lo confirmaba su personalidad, su dulzura y ese ser humano íntegro que conocí aquel día.

He visto desfilar por la cabina de radio de todo un poco. Desde artistas con una amplia trayectoria que llegan a dar una entrevista y vienen acompañados escasamente por su mánager y alguien de la disquera, hasta aquellos que están lanzando su primer sencillo y llegan con un séquito más grande que su talento.

Nos pasó con un artista de talla internacional que llevaba muchos años sin lanzar ninguna canción y su carrera estaba relativamente estancada en Miami. Venía en concierto y organizamos una actividad previa en la radio para que sus seguidoras pudieran conocerlo. Faltando dos días para su visita nos llamaron para pedirnos una serie de requisitos -que según ellos- el artista estaba pidiendo para venir a la radio.

Entre otras cosas, pedían un camerino con espejo de cuerpo entero, agua con gas, agua sin gas, cafetera Nespresso, canasta de frutas, silla con brazos, silla sin brazos, las fechas de nacimiento de las personas que vendrían a conocerlo -para confirmar las edades- y para rematar pidió que no le pidieran tomarse *selfies*, porque solo lo haría si era su iniciativa. De no cumplir con esa petición llegaría a la entrevista con gorra y gafas oscuras.

Podrán imaginar el momento tan difícil que pasamos todos buscando a última hora lo que pedía, que aunque nos parecía exagerado e innecesario, ya que no iba a dar un concierto sino una entrevista de radio, no queríamos que por ningún motivo los oyentes se sintieran decepcionados en caso de tener que cancelar esa visita.

El hombre llegó puntualmente, puesto y dispuesto. Amable como pocos, comenzó a tomarse fotos con Raimundo y todo el mundo, abrazó, sonrió, bromeó y la actividad fue todo un éxito. En ningún momento vimos un vestigio de aquel hombre exigente que nos pintó su gente.

Hubo otro que vino muy sonriente a promover una película y desde que llegó, su gente nos advirtió que no podíamos tomarle ninguna foto en movimiento. Es decir, todas tenían que salir perfectas, en las que él posara. Nada de la foto aquella en la que una está hablando y le queda la boca torcida o los ojos cerrados. Nada de eso.

Hay artistas que parecen ser más amables y sencillos de lo que realmente son. Que se muestran de una manera o de otra dependiendo de con quién comparten y cuáles son sus intereses. Considero que si uno es realmente humilde debe serlo con todos por igual, no solo con los que le conviene.

Este artista tiene otro negocio en Miami y por invitación de su publicista fui a visitar ese lugar. Éramos un grupo que pertenecíamos a los medios. La idea de la invitación era que conociéramos el sitio para que luego lo recomendáramos. Vi que por todo el salón había fotos suyas con varias personalidades de la música, la radio y la televisión. Así que cuando fue la hora de despedirnos, y vi que el artista apareció, no dudé en pedirle una foto para llevármela de recuerdo.

Se negó a tomársela, me dijo que no porque "no estaba presentable". Me dejó muda. Guardé mi teléfono y me fui. Quise decirle tantas cosas pero me aguanté. Quise decirle por ejemplo que si no estaba presentable, para qué coños se presentó a saludar si sabía que todos estábamos allá. También quise decirle que en ninguna de las fotos que adornaban las paredes de su negocio estaba realmente presentable. No le dije nada, pero desde ese día, cuando he tenido que entrevistarlo, nunca le he vuelto a pedir una foto.

Muchas veces los artistas son ajenos a las exigencias que hacen los que manejan su carrera. En otras ocasiones pasa lo contrario, el mánager queda como un ogro y el artista se lleva todos los créditos de buena gente.

También hay quienes se comportan como divos para que les hagan algo de caso. Lamentablemente, cuando un artista está demasiado disponible o no tiene quién le maneje su carrera, no lo valoran. Sé de artistas muy talentosos y con larga trayectoria que ya cansados de pagar a alguien para que se ocupe de sus negociaciones, prefieren abrir un correo electrónico exclusivamente para eso y los contestan directamente haciéndose pasar por alguien más.

El mundo se divide entre protagonistas y espectadores y los que trabajamos en este negocio decidimos estar en el primer grupo. Nuestro ego es más grande que el del resto del mundo. Quien diga que no, está mintiendo. Por eso trabajamos en esto y no en una oficina de abogados -perdón, fue lo primero que se me ocurrió-.

Algunos son incomprensibles. Muestran toda su vida en redes sociales y *reality shows* pero salen a la calle y se tapan la cara cuando ven venir a un paparazzi.

Capítulo 23
"El hombre de mi vida"

Estaba yo de muy buena "amiga" de Julio y me llegaban todo tipo de comentarios acerca de esa extraña amistad que había surgido entre nosotros después de todo el drama vivido. Yo me tomaba el tiempo para explicar que no me afectaba ser su amiga y que además teníamos el proyecto del libro que habíamos escrito juntos y que, sin darnos cuenta, estaba fortaleciendo nuestra "bonita y sincera amistad".

Hasta que un día, almorzando con una amiga, ella me dijo: "Ningún hombre va a acercarse a ti si sigues de amiga con Julio. Todo el mundo piensa que siguen juntos. No creo que su amistad sea honesta, él está loco por volver contigo y te aseguro que el día que te alejes definitivamente de él, va a llegar a tu vida un hombre bueno y sano".

No sabía cómo sacarme a Julio del medio, no lo quería herir y en el fondo todavía me daba un poco de temor su reacción. No porque se atreviera a ponerme una mano encima una vez más, sino porque era muy escandaloso y no tenía reparo en armar un show en público. Además, porque ya me había confesado que quería volver conmigo.

Fue ahí entonces que le pedí que firmáramos ese acuerdo por tranquilidad para ambos.

Ya mis días transcurrían en total normalidad. Mi nueva vida me gustaba más de lo que imaginé, pasaba mucho tiempo sola en mi casa, salía a hacer ejercicios, elegía con pinzas los lugares y eventos públicos a los que quería asistir.

Muchos pensaron que eso se debía a que aún estaba afectada por mi separación, y me llamaban buscando saber de mí y asegurarse de que estuviera bien. No, no estaba bien, estaba súper bien. Comencé a trabajar en mi nueva relación; en la relación conmigo.

Ya mi estómago no me dolía los sábados por la mañana cuando me despertaba pensando qué iba a hacer y con quién. No me dolía porque ya tenía la mitad de la respuesta. Cualquier cosa que decidiera hacer sería sola y no estaba asustada ni angustiada por eso.

Luego recordé que cuando llegué a Miami era muy feliz pasando un sábado en la noche en pijama y pidiendo comida rápida, viendo *Sábado Gigante*. Recordé que hubo una época en que me fascinaba estar sola y que no sufría si no había planes, novio o pretendiente. Entonces me di cuenta que mi miedo a la soledad fue adquirido. Que no siempre fue así. Que puede haber hombres que tienen un patrón de comportamiento tan fuerte que te vuelven adictas a ellos. Que quieren llenar tus espacios y tus necesidades y que se comportan de tal manera que los haces indispensables. Esos hombres son expertos en crearte dependencia de ellos.

Las rupturas siempre serán dolorosas, pero son más difíciles de superar cuando hay dependencia y esto incluye de todo, desde creer que no podrás vivir sin ese hombre porque nadie te va a llenar de detalles como lo hacía él, hasta preguntarte con quién vas a salir a hacer ejercicios si él era quien te acompañaba. Y mientras están juntos, dejas de hablar con tus amigos porque ahora los amigos tuyos son los de él y el día que se acaba la relación te jodiste porque tienes que empezar otra vez a reclutar a toda esa gente con la que nunca más volviste a tener contacto.

Conozco personas que enviudan luego de haber compartido una vida entera con su pareja y las escuchas diciendo, "yo no sé ni cómo ir a cambiarle el aceite al carro porque todo eso lo hacía él", "él era el que sabía cómo pagar las cuentas por Internet".

Y hay quienes usan eso como excusa para volver a establecer contacto (no hablo de las viudas, por supuesto). "Lo tuve que llamar porque él es el que sabe dónde queda la oficina de… bla bla bla".

La cosa es que andaba ya en ese proceso tan adelantando cuando empezó un amigo con el cuento de que me iba a presentar al "hombre de mi vida". Así era como se refería a él siempre. Nunca me decía quién era, ni cómo se llamaba. Varias veces me invitó a diferentes reuniones en la que iba a estar y yo no aceptaba.

Pasaban los meses y yo cada vez agarrándole más cariño a soledad, y este amigo volvió a insistir en que quería que conociera a mi futuro pretendiente. Más por cansancio que por otra cosa acudí a la cita. El lugar de encuentro fue el Microteatro, un sitio al que le tengo especial cariño, entre otras cosas porque hacía unos meses había presentado allí una obra llamada "Mujeres ligeras", donde conocí gente que se quedó en mi vida para siempre.

Allí estaba mi amigo esperándome, haciendo las veces de Cupido para presentarme "al hombre de mi vida" que se veía bastante nervioso.

Me gustó, pero no lo suficiente como para quedarme hablando con él más tiempo. Además, me habían agarrado unos fuertes dolores abdominales y me fui pronto a casa, así que ese primer encuentro no tuvo el éxito que mi amigo tanto deseaba. Luego "el hombre de mi vida" pidió a nuestro Cupido mi correo electrónico y dos días después escribió para saludarme, preguntarme si me sentía mejor y darme su número de teléfono, y a la vez pedirme el mío. "Le iba a pedir a nuestro amigo Jorge tu teléfono, pero prefiero pedírtelo a ti directamente". Con eso ya me gustó un poquito más.

Salimos a tomar algo pero no quedamos realmente locos el uno por el otro. La relación fue creciendo con el tiempo y el sentimiento se fue transformando en un profundo amor, con toda la paciencia y el ritmo de quien no tiene afán, ni miedo, ni necesidad de estar acompañado.

He aprendido a ser cada vez más independiente. Amo estar con él pero no sufro sus ausencias. Lo admiro, lo respeto, es un alma bondadosa, limpia. No conoce la malicia y aunque él no lo acepte, es una enciclopedia con patas.

Aprovecho cuando está de viaje para irme a la cama más temprano (tiene esa costumbre de los españoles de estar despierto hasta muy tarde). Respeta y admira mi trabajo como nunca nadie lo ha hecho, y no se siente amenazado por mi éxito profesional.

Después de muchas noches en vela pidiéndole a Dios, en medio del llanto, que me ayudara a sanarme, que enviara a mi vida un hombre bueno en el que pudiera confiar, años después llegó Curro. Y si se queda o se va no es algo que pueda asegurar pero sí que ha sido "el hombre de mi vida", de esta vida nueva que él llegó a estrenar.

Y es que yo hacía una lista en cuanto papelito encontraba con las cualidades que esperaba encontrar en mi próximo amor. Muchas de ellas han pasado a un segundo plano, aprendí a dar prioridad a otras cosas.

Pero no era con papelitos como se iba a producir el cambio. Tenía que restregar mucho la herida para que sanara, había que aprender a estar sola, a disfrutarme, a reconocer y aceptar cuáles eran mis responsabilidades y por qué siempre iba a parar a los brazos equivocados, o como me dijo la Dra. Nancy un día, que yo tenía un radar para localizar porquería. Había que estar lista para reconocer ese regalo el día que llegara, porque podría confundirme si no me lo enviaban con el empaque que yo esperaba.

Llegó en el momento preciso, pues de haber llegado antes yo no hubiera estado preparada para darle el inmenso valor que tiene. Lo hubiera dejado ir, sin saber cuánto podría aprender de él.

Capítulo 24
Miss Cuarenta

Faltaba un año para cumplir mis cuarenta y ya el temor se apoderaba de mí. No, no por llegar al cuarto piso sino porque no sabía cómo los iba a celebrar.

Hay gente a la que le encanta le festejen sus cumpleaños, hacen cuenta regresiva y hasta lo promocionan en sus redes sociales. Pues bien, yo no pertenezco a ese grupo.

Al contrario, me siento incómoda, terriblemente incómoda, en el medio de un grupo de personas -por muy cercanas que sean-, cantándome cumpleaños feliz, mirándome, sonriéndome y contando mis años mientras aplauden. Eso, y organizar la fiesta, son de las cosas que menos me gustan.

Es que nunca quedas bien con nadie, ni con el que invitaste y menos con el que dejaste de invitar. Todo el mundo se divierte, come, bebe, se quita los zapatos, al final de la noche baila reguetón, canta rancheras, se emborracha y hasta vomita. Todos, menos una.

Yo cumplía cuarenta y mi mamá sesenta, así que pensé en celebrar en Medellín una fiesta de cien años con sus amigos y los míos, pero entonces lo pensé otra vez y recordé que en Medellín no tengo muchos amigos y que la fiesta terminaría siendo únicamente con las amistades de mi mamá. Ummm, pésimo negocio.

Así que cuando faltaban ocho meses, en medio de una clase de inglés, mi profesor me preguntó qué planes tenía para mi cumpleaños. Le expliqué todo esto que acabo de relatar, pero en inglés. Tardé horas. Me don't like parties, people drinking and eating, everybody but me … Etcétera.

My teacher, que ya me había visto haciendo stand up comedy, me dio la idea de escribir una historia más completa hablando de la llegada a mis cuarenta, agregándole anécdotas divertidas. Que buscara un teatro donde pudiera meter a todos esos invitados que quizás no eran posible en otro lado, y con eso evitaba todos aquellos preparativos tediosos que tanto me molestaban.

Empecé por hablar con Leandro Fernández, quien ya me había dirigido en un par de obras. Le propuse que se subiera conmigo en ese bus, que no sabía si todo ese trabajo que haríamos a partir de ese momento sería para dos noches únicamente, pero también había una probabilidad de que a la gente le gustara y quizás se podría convertir en un espectáculo. Ya con Leandro casi confirmado hice varias llamadas a la dueña del Teatro Trail, Marisol Correa, para que me orientara acerca de lo que deseaba hacer e inmediatamente me dio las fechas que tenía disponibles. ¡Cuál sería la bendita dicha cuando me dijo que tenía libres el 27 y 28 de febrero, exactamente los días de mi cumpleaños! ¡Sí, los días de mi cumpleaños! Es que al que no quiere caldo se le dan dos tazas y yo no cumplo un solo día, sino dos.

La historia es breve: mi madre dio a luz el 27, salió del hospital el 28 y ese día fue a que me registraran en la notaría y la persona que la atendió asumió que había nacido ese día y la puso como mi fecha de nacimiento. Así que en mis papeles aparezco con el 28, pero realmente nací el 27.

Al principio sentí pánico. El teatro tiene capacidad para cuatrocientos treinta personas. Un día era más que suficiente, ¿cómo iba a llenar un teatro dos días seguidos? Si antes pensaba dónde iba a hacer una fiesta donde pudiera meter doscientos cincuenta invitados, ahora pensaba: "¿De dónde me iba a sacar los otros seiscientos y además pagando?". Claro, es que en la primera función hubo doscientos cincuenta invitados, pero el resto de la gente pagó su entrada.

Marisol, que además de ser una excelente actriz es una experta en este negocio, sabía perfectamente que con una fecha no íbamos a dar abasto, y así fue. Todo tenía muy buena pinta y para mí eran señales de que todo iría de maravilla, excepto porque los preparativos fueron más complicados que los de una fiesta "normal". Esto incluía fotos, diseños del logo, lista de invitados, seguimiento a las confirmaciones, escribir el texto, montarlo, ensayarlo, conseguir la escenografía, visitar medios de comunicación para promover el evento y, quizás la parte más difícil, buscar imágenes de mi infancia y adolescencia donde se viera lo fea que era. Claro, fue la parte más difícil porque había tantas que no sabíamos cuáles elegir.

Recuerdo que había contratado a alguien para que se encargara -entre otras cosas- de separar los asientos de los invitados y tener listas sus boletas. La función era a las ocho de la noche y a las seis de la tarde apenas estaba sentado, vuelto un ocho, intentando organizar lo que tenía que haber estado listo desde las cuatro o el día antes. Los invitados empezaron a llegar y no tenían su boleta lista. Me llamaban a mi celular, algunos preguntaban que si tenían que pagar la entrada en vista de que no encontraban sus boletas en la taquilla. Yo intentaba organizar aquel caos mientras me peinaban y maquillaban. Curro entró y salió del camerino mil veces, ayudando a apagar ese incendio. Por fortuna, en Miami, a la altura de la Calle Ocho, donde está el Teatro Trail, hay un evento de bicicletas una vez al mes que pasa por allí y provoca fuertes demoras en el tránsito y eso ayudó a que mucha gente no llegara a tiempo y nos diera una pequeña ventaja para ponernos al día.

Comenzó la función y los nervios comenzaron a desvanecerse ante la primera risotada del público, (los amigos y familia fueron muy generosos). Era su regalo de cumpleaños para mí.

Los invitados estaban tan sorprendidos como yo. Mientras una larga risa interrumpía mi discurso, yo no podía creer lo que estaba pasando. Era mucho más de lo que esperaba.

Después de tantas puertas cerradas, varios "no" como respuesta e incontables promesas incumplidas, ¿quién me iba a decir que esa edad a la que tantas mujeres temen, iba a ser la encargada de llenarme de satisfacciones y convertirme en empresaria con mi espectáculo?

Hacer *Miss Cuarenta* ha sido una de las cosas más sanadoras y liberadoras que he experimentado, y ahora quiero que las personas que han leído esto no solo conozcan la historia verdadera detrás del espectáculo de humor, sino también cómo he podido poco a poco transformar mi vida.

Aun aparecen los fantasmas, sé que están ahí porque aprendí a reconocerlos. Ya no los ignoro, ahora los enfrento y no dejo que me controlen.

No pretendo dar ninguna lección, aún trabajo aprendiendo la mía. Solo he intentado contar con la mayor honestidad posible una historia que a mí me ha resultado más liviana y llevadera desde que aprendí a reírme de ella, desde que aprendí a reírme de mí.

Es por eso que a pesar de no tener las medidas perfectas, ni los estándares de belleza impuestos por la sociedad, al cumplir cuarenta años tuve la osadía de coronarme a mí misma como la reina absoluta de mi vida: *Miss Cuarenta*.
¡Que siga la función!

Redes sociales de la autora

Facebook: Paula Arcila fans
Twitter: Paulaarcila
Instagram: @Paularcila

Made in the USA
Lexington, KY
23 April 2017